보이지 않는
진실을 ——
보는 사람들

| 일러두기 |

• '진실을 밝히는 과학의 힘'은 현재 국과수의 슬로건입니다.
• 본문에 표기된 국과수의 각 부서명은 사건 발생 당시에 따른 것입니다.

정희선 전 국과수 원장이 말하는 한국의 과학수사 현장

보이지 않는
진실을
보는 사람들

정희선 지음

0.1%의 가능성, 100%의 열정,
진실을 밝히는 과학의 힘

알에이치코리아

밝은 세상을 꿈꾸며
사회의 어두운 조각들을 수집하는 사람들

34년이라는 세월을 함께한 국립과학수사연구원(이하 국과수)을 떠난 지도 벌써 3년 가까이 되었다. 많은 사람들이 나에게 여성으로서 어떻게 그런 험한 곳에서 오랫동안 일할 수 있었느냐고 많이들 묻는다. 새삼 되돌아보니 34년은 꽤나 오랜 세월이었는데, 늘 일과 함께해서인지 시간이 흐르는 줄도 모르고 지냈다. 그리고 솔직히 국과수가 그렇게 험한 곳이라고 생각하지도 않아 질문에 답하기가 참 난감했다.

그런데 사람들이 자주 묻곤 하는 또 다른 질문인 국과수에 무슨 매력이 있기에 그렇게 오랫동안 재직할 수 있었느냐는 물음에 관해서는 항상 주저하지 않고 신나게 답하곤 했다. 하나는 미지의 물질을 찾는 기쁨이다. 부검 후 의뢰되는 위내용물이나 혈액에 어떤 독물이 들어 있는지를 조사하는 과정은 늘 흥미진진했고, 실험을 거듭하며 마침내 그 물질을 확인했을 때 얻는 기쁨은 정말 컸다. 범인이 소지한 마약으로 추정되는 백색 물질에 대한 조사 의뢰를 받아 여러 가지 실험 끝에 그 성분을 확신하는 순간의 희열은 아직도 잊지 못한다.

이렇게 미지의 물질을 밝혀내는 것만으로도 과학자로서 만족감을 얻을 수 있는데, 실험 결과를 바탕으로 범인을 검거하고, 유죄 또는 무죄를 입증하여, 사회의 치안 유지에 힘을 보탤 수 있으니 보람이 배가되어 자연스럽게 국과수에서의 일이 매력적으로 느껴질 수밖에 없었다.

국과수 업무의 또 다른 매력은 항상 새로운 일을 맡게 된다는 것이었다. 사건 하나하나의 특징이 각기 다르기 때문에, 매번 긴장한 채로 새로운 마음을 먹게 되니 따분할 새가 없었다. 바로 이런 매력이 나를 34년간 국과수에 있게 한 원동력이다.

국과수에 재직하는 세월 동안 정말 여러 가지 사건과 함께했다. 처음 출근한 지 얼마 되지 않아 혈액과 위내용물에서 약독물을 확인하는 작업을 보조했는데, 위내용물을 가지고 실험할 때 그 냄새와 형태 때문에 어려움을 겪었던 일이 생각 난다. 또한 국과수의 업무가 꼭 각종 강력범죄와 연관된 사건만은 아니어서, 시중의 벌꿀과 가짜 참기름 등 불량식품 단속을 위한 진위 여부 판별법을 개발하기도 했다. 그 이후에는 줄곧 마약 관련 업무에 집중하면서 소변을 통해 마약을 검출하는 방법 등을 개발하여 마약 전문가로 인정받았다. 덕분에 UN 마약 전문가회의에 초청받는 등 국제적으로도 활동할 기회가 생겼고, 2011년에는 국제법과학회IAFS 회장으로 선출되어서 종신 회장단의 일원으로 우리나라 과학수사의 위상을 알릴 수 있었다. 2014년부터는 마약·약독물 분야 전문가들의 모임인 국제법독성학회TIAFT에서 아시아에서는 처음으로 회장의 역할을 수행하고 있다. 일을 하면서 전문성까지 키우게 되었으니 이것이야말로 일석이조가 아닐까?

그러나 무엇보다 '강호순 사건' '부산 사격장 화재' '김길태 사건' '천안함 사건' '소말리아 해직 사건' 등 사회적으로 중요한 사건들을 다른 연구원들과 함께 집념과 노력으로 파헤치던 기억은 정말 소중하다. 다들 자기 몫의 일뿐만 아니라 창의성을 발휘해 신개념 동영상 복원 기법, 표준물질 생산 기관, 위조통화 데이터베이스 시스템 등 다양한 연구 성과를 일궈냈고, 우리나라의 과학수사 기술은 여타 선진국과 어깨를 견줄 정도로 발전했다. 훌륭한 동료들과 더불어 나는 재직 기간 동안 신나게 근무할 수 있었으며, 소장 재임 2년 만에 연구소가 연구원으로 승격하는 '소원 성취'의 경사를 맞을 수 있었다. 또한 직원들 덕분에 책임 운영 기관 종합평가에서는 2년 연속 1등을 차지하기도 했다.

이렇게 수많은 추억이 쌓인 연구원을 떠나면서 내가 이들을 위해 무엇을 할 수 있을까 고민하다가 연구원들의 피땀이 서린 여러 사건들을 정리해보기로 했다. 그동안 내가 직접 관여한 사건과 더불어 연구원들이 애써서 해결한 사건들을 모았다. 좀 더 밝은 세상을 꿈꾸며 항상 어두운 조각을 수집하는 그들의 이야기 말이다. 그을음으로 가득한 화재 현장이나 한기가 채 가시지 않은 범죄 현장 등을 뛰어다니며 사건의 전모를 밝히기 위해 끝까지 포기하지 않고 노력하는 국과수 직원들의 집념을 담아내고 싶었다. 하나하나 오랜 시간을 투자하고 각고의 노력을 기울여 해결한 사건인데 이렇게 쉽사리 글로 풀어 쓰는 것이 혹시 누가 되지는 않을까 걱정도 되지만, 크게 성장한 한국의 과학수사 분야를 알리고 역경과 함께하는 연구원들의 노고를 기리고 싶은 마음이 컸기에 이해를 구하고 싶다. 사실 이 책을 써나갈 수 있던 원동력은 국과수 연구원들의 열정과 정성이었다. 후배들의 노력과 선배들의 응원 덕분에 국과수가 이 자리에까지 오를 수 있었던 것 같다.

이 책이 독자들에게 과학수사를 이해하는 계기가 되고, 또 사건을 해결하기 위해 뒤안길에서 고군분투하는 경찰들과 지금도 증거물과 씨름하고 있을 국과수 연구원들에게 용기와 힘을 주는 계기가 되기를 간절히 바란다. 그리고 과학의 테두리 안에서만 호흡했던지라 글을 쓰는 일이 결코 쉽지 않았는데, 생각대로 글이 잘 표현이 되지 않아 끙끙거릴 때 매섭게 응원해준 나의 전 상관이자 남편인 유영찬에게도 고마운 마음을 전한다. 또 이 책이 탄생할 수 있게 해준 알에이치코리아 김정옥 편집장님, 박혜미 선생님께 감사의 인사를 전한다.

2015년 4월
정희선

오직 **진실을** 향한 **뜨거운 집념**

1장

대한민국을 뒤흔든 전대미문의 사건들

살인인가, 사고인가?

: 듀스 김성재 사망 사건

팔뚝에 남은 28개의 주사 자국

—

2011년 1월부터 방영된 범죄드라마 〈싸인〉은 국과수를 소재로 한 작품으로, 방영 첫 회부터 큰 화제를 불러일으켰다. 10여 년 전의 듀스 김성재 씨 사망 사건과 극 중 내용이 흡사했기 때문이다. 인기 아이돌 그룹의 리더가 전 여자친구에 의해 살해당한다는 중심 내용은 누가 봐도 김성재 씨의 사고를 모티브로 한 에피소드임에 분명했다.

김성재 씨는 1995년 11월 20일 서울 홍은동 모 호텔 별관 57호 객실에서 숨진 채 발견되었는데, 오른쪽 팔뚝에 주사 흔적이 남아 있어 처음에는 마약 중독으로 인한 사고사 쪽으로 수사가 진행되었다. 그런데 왼손잡이도 아닌 사람의 오른쪽 팔에 주사 자국이 남는 건 불가능하다는 강한 의문이 제기되었다. 그 후 부검 결과에 따라 김성재 씨의 애인인 A씨가 구속 기소되어 1심에서 무기징역 판결을 받았으나, 2심에서는 사망 시각을 단정할 수 없고 살해 동기가 뚜렷하지 않으며 증거가 부족하다는 이유로 무죄가 선고되었다.

사건이 발생한 다음 날, 아침 일찍 유명한 가수의 부검이 예정되어 있으니 일찍 출근해서 약독물 감정을 해줘야겠다는 연락을 받았다. 10시 20분부터 시작된 부검은 30분 정도 걸려 끝났고, 혈액, 위내용물, 모발, 소변이 의뢰되었다. 우측 전박부(아래팔 부위)에 주사 맞은 흔적이 있으니 변사자가 히로뽕 등 마약류를 투입했는지 여부를 감정해 달라는 것이 주요 의뢰 사항이었다. 솔직히 음악에 관심이 적었던지라 부검을 마치고 나서야 변사자가 듀스의 김성재이며, 인기 있는 유명한 가수라는 사실을 알게 되었다.

수사 상황 보고에 따르면 우측 전박부에 4개의 주삿바늘 자국이 있다고 하였으나, 부검을 마친 부검의를 만났더니 외표 검사 결과 오른쪽 위팔 부위에 3개소, 팔오금 부위에 5개소, 아래팔 전면 부위에 20개소로 총 28개소의 바늘 자국이 발견되었다고 했다. 바늘 자국에 나타난 피하 출혈은 사망 직전 시간대에 발생한 것이고, 주사침 자국 중 20개는 불규칙적이지만 정맥혈관을 따라 분포되어 있으며 침 자국의 상태를 볼 때 근접 시간대(하루 이내)에 주사한 것으로 판단되어, 마약 복용자들의 특징과는 아주 다르지만 마약 검출 여부를 알아볼 필요가 있다고 했다. 또한 경찰 측에선 변사자에게 평소 심장마비 증세가 있었으니 그 때문에 사망한 것은 아닌지도 판단해달라며 의뢰해왔다고 덧붙였다.

혈액 약 200g, 위내용물 10g, 소변 13㎖가 의뢰되었는데, 그다지 충분한 양이라고 할 수는 없었다. 하지만 이 분야의 최고 전문가들로 구성된 팀인 만큼, 하루나 이틀이면 충분히 알아낼 것이라는 자신감을 갖고 호기롭게 실험을 시작했다. 의뢰된 내용물을 가지고 우선 주변에서 쉽게 구할 수 있는 독물에 대한 실험을 진행했다. 맹독성이어서 순식간에 사망할 수 있는 청산염, 농사용 살충제로 쓰이는 파라치온 등 농약류, 잠자듯 사망할 수 있는 수면제류에 관한 실험을 실시했는데 어떠한 독물도 검출되지 않았다. 그다음으로 의뢰 사항의 하나인 마약류에 집중해서 소변을 가지고 실험했다. 대표적인 마약인 히로뽕, 대마, 아편, 코카인 등을 검출할 수 있는 예비 실험인 면역분석법(항원과 항체 간의 특이적 결합능을 이용한 시험법)을 시도했는데 검출되는 마약이 없었다. 전체 약물류로 범위를 넓혀 혈액과 소변을 가스크로마토그래프법(기체화된 시료를 가스를 이용해 분리관을 통과하게 하면서 성분을 분리하는 방법)으로 분석했다. 그랬더니 혈액과 소변에서 미지의 성분 두 가지가 발견되었다. 알칼리성에서 추출한 검액에서 검출된 것으로 보아 질소화합물 종류의 물질임에 틀림없으니 분명 약물 종류이겠거니 하는 자신감으로 실험을 계속했는데 의외로 무슨 성분인지 전혀 가늠할 수가 없었다. 마약은 다 해봤자 대략 300종이기 때문에 손쉽게 알아낼 수 있다고 생각했는데, 수십 번을 실험해도 마약 성분 데이터베이스와 일치하는 성분을 찾을 수 없었다.

도대체 이 2개의 물질은 무엇일까? 하루가 지나고, 이틀이 지나고, 시간은 흐르는데 밝혀지지 않아 혹시 추출 방법이 잘못되었나 싶어 다른 방법을 시도해보고, 시약이 잘못되었나 해서 처음부터 시약을 새로 만드는 등 모든 방법을 동원해보았지만 오리무중이었다. 이 사건을 함께 담당했던 팀원들과 고민에 고민을 거듭하며 3만 화합물의 데이터베이스, 그다음은 5만 화합물, 그리고 10만 화합물까지 범위를 넓혀 모든 가능성을 찾아보았지만 일치하는 성분이 없어 스트레스가 이만저만이 아니었다.

얼마나 마음에 부담이 되었는지 하루 종일 실험을 하고 자정이 다되어 집에 가서 잠깐 눈을 붙이는데 꿈속에서조차 약물을 찾고 있었다. 다음 날 출근해 김 연구원에게 꿈속에서도 약물을 찾느라 잠을 설쳤다고 했더니, 김 연구원은 꿈에 과장인 내가 나타나서 왜 약물을 못찾느냐고 채근하는 바람에 잠을 설쳤다고 했다. 우리 둘 다 얼마나 스트레스를 받았으면 이런 꿈을 꾸었을까 지금 생각해보면 웃음이 나지만, 그때는 정말 심각한 분위기라 웃지도 못하고 미안한 마음에 대꾸도 않고 바라만 보다 곧장 실험실로 갈 수밖에 없었다.

유레카!
—

이번에는 최신 기기를 구비한 연구소와 협력하여 13만 화합물이 포함된 데이터베이스로 실험해보았더니 마침내 동일한 물질의 화학명이 나타났다. 그런데 화학명만으로는 물질의 정체를 알 수 없었고, 더욱이 화학명조차 매우 생소했다. 그래도 동일한 물질이 발견되었다는 사실만으로도 흥분이 되었다. 이 물질이 무엇인지 밝히기 위해 그 당시 우리나라에서 과학 분야 문헌을 가장 많이 보유하고 있던 홍릉의 산업연구원으로 달려갔다. 지금처럼 문헌이 전산화되지 않아 신청하면 며칠 후에야 전달받을 수 있었기에, 서둘러야 한다는 절박한 심정에 직접 연구원으로 찾아가 문헌을 신청했다.

화학구조를 그려가며 찾아보고 있었는데 똑같은 분자량에 똑같은 화학구조식을 가진 물질이 눈에 확 띄었다. '앗 이거구나!' 하면서 살펴봤더니 틸레타민이라는 이름의 동물 마취제였다. 두 번째 물질도 곧이어 확인할 수 있었는데, 신경안정제로 널리 쓰이는 벤조디아제핀 유도체와 화학구조가 유사한 졸라제팜이라는 물질이었다. 동물 마취약과 신경안정제 계통의 약물이 왜 같이 검출되었을까 궁금해서 문헌을 찾아보았더니, 졸라제팜은 동물 마취약인 틸레타민의 작용 시간을 늘리기 위해 제조할 때 함께 혼합한다고 했다. 기쁜 마음에 급히 직원들에게 전화해서 소식을 전했다. 예상치 못한 물질의 정체를 확인하는 순간의 기쁨은 그동안의 피로와 걱정을 한꺼번에 날려 보낼 정도였다.

그러나 기쁨도 잠시 이 약물을 국내에서 구할 수 있는지, 현재 시판되고 있는지 알아봐야 했다. 그 결과 두 가지 약물이 혼합된 졸레틸이라는 물질이 프랑스에서 수입되어 동물 마취약으로 국내 동물병원에서 사용되고 있다는 사실을 알게 되었다. 그리고 두 가지 성분이 혼합된 테라졸이라는 미국 제품 또한 시판되고 있다는 것이 확인되었다. 비교 확인 실험을 위해 5~6군데 동물병원에 연락해서 제품을 구하려고 했는데 의외로 제품을 구하기가 쉽지 않았다. 국과수에서 실험용으로 구한다고 해도 팔지 않으니 어쩔 수 없이 수의사협회에 연락해 간신히 제품을 구했다. 힘들게 구한 졸레틸로 실험을 진행했는데, 제품의 성분이 김성재 씨의 혈액, 소변에서 나온 성분과 일치함이 확증되는 순간 "유레카!"를 외쳤다. 모두 희열이라는 표현이 더 어울릴 법한 기쁨에 달떴다. 이어서 제품을 대조군으로 하여 혈액 중 함량 실험을 실시하였다. 그 결과 혈액 1㎖에서 틸레타민 0.85㎍이 검출되었고, 졸라제팜은 3.25㎍이 검출되었다.

담당 경찰서의 의뢰 사항이 마약 검출 여부였고 팔에도 주사 자국이 있었기 때문에 동물 마취제라도 마약으로 남용될 가능성이 있는지, 남용된 사례가 있었는지 찾아보기로 했다. 혹시 동물 마취제를 남용의 목적으로 사용하다가 사망으로 이어졌을 가능성도 있었기 때문이다. 먼저 틸레타민과 관련해 문헌 조사를 실시했는데, 인체에 관한 독성은 찾을 수 없었다. 그래서 틸레타민이 펜사이클리딘 유도체임을 감안하여 펜사이클리딘을 조사하기로 했다. 펜사이클리딘은 처음엔 사람에게 사용하는 마취제로 1950년대에 개발되었으나 부작용 때문에 주로 동물 마취제로 사용되고 있으며, 우리나라는 물론 전 세계적으로 향정신성 의약품으로 지정·관리되고 있어 남용의 가능성이 아주 컸다.

졸라제팜 역시 인체에 관한 독성은 발견되지 않았다. 그런데 졸라제팜은 대표적인 벤조디아제핀 유도체인 디아제팜보다 항불안 작용이 5~10배 강한 것으로 조사되었다. 더욱이 향정신성 의약품으로 가장 많이 사용되는 신경안정제인 디아제팜과 화학구조와 작용이 비슷하다니 남용의 가능성도 있어 보였다. 그런데 아무리 문헌을 뒤져도 우리나라에서는 물론 전 세계적으로 이들이 남용된 사례를 찾을 수가 없었다. 수많은 자료를 찾아본 끝에 틸레타민과 졸라제팜이 포함된 미국의 남용 약물 규제 리스트를 손에 넣게 되었다. 남용 약물 규제 리스트에 포함돼 있으니 미국에서는 마약으로 남용되는 약물일지도 모른다는 생각에 미국 쪽에 직접 알아보기로 했다.

마침 1995년 국제학회에서 만났던 미국 마약수사청DEA에 근무하는 연구원이 떠올랐다. 급하게 연락하여 두 물질이 남용된 사례가 있는지, 왜 이 약물을 규제하는지 등 궁금한 사항들을 문의했다. 이메일보다는 팩스가 익숙하게 쓰이던 때였는데, 고맙게도 바로 팩스로 답이 왔다. 미국에서는 틸레타민과 졸라제팜의 혼합 물질이 테라졸이라는 이름으로 1980년 초 동물 마취제로 승인받아 시판되었는데, 승인 당시 미국 식약청에서 남용 가능성 여부에 관한 연구를 진행했다고 한다. 그 결과 환각 작용과 남용의 가능성이 있어 규제 대상 약물로 지

보이지 않는 진실을
보는 사람들

018

정했다는 것이다. 그러나 미국에서는 테라졸을 밀수한 사례도, 남용한 사례도 없었다고 했다. 그렇다면 우리나라에서도 이 약물이 남용되었을 가능성은 거의 없는데, 어떤 이유로 사망자에게 투여되었을까 하는 의문이 더욱 커졌다.

어렵게 성분과 용도를 알아냈지만 감정서를 작성하는 것 또한 만만치 않았다. 약물들의 성분명, 용도, 사용량, 동물에 나타나는 부작용 등은 쉽게 기재했지만 사람에게 나타날 부작용이나 독성 등은 기재하기가 어려웠다. 이에 틸레타민의 경우 유도체인 펜사이클리딘의 사례를, 졸라제팜의 경우엔 화학구조와 작용이 비슷한 디아제팜을 기준으로 하여 참고 사항을 기재하였다. 덧붙여 미국의 규제 조항을 참고해 남용의 가능성을 언급하긴 했지만 이 물질들을 남용해서 사망에 이르렀을 가능성은 없을 것 같아 머릿속이 더욱 복잡해졌다.

약독물 감정서를 일단 법의학과로 넘겼고 부검의가 모든 감정 결과를 종합하여 부검 감정서를 작성하였다. 부검 감정서에는 팔에 다수의 주사 자국이 보이고, 혈액과 소변에서 틸레타민과 졸라제팜이 검출되며, 그 외 사인이 될 만한 특기할 손상은 보이지 않고 혈중 알코올도 0.05% 미만인 것으로 보아 사인은 약물중독사로 판정된다고 했다. 게다가 주사 자국의 분포가 불규칙적이고, 정맥혈관 주행을 따라 주사하려고 하였으며, 평소 오른손잡이였던 사람이 오른쪽 팔뚝에 본인이 직접 주사하기는 어려운 점, 사고 현장에서 주사기를 발견할 수 없었던 점, 다수의 주사침이 있는 점, 일반적으로 사용되지 않는 약물이 투여된 점 등을 볼 때 타살의 가능성도 배제하기 어렵다는 내용이 참고 사항으로 기재되었다.

예상치 못한 재판부의 판결

—

부검 감정서가 서부경찰서에 통보되자마자 언론에서 큰 관심을 보여 각종 방송 신문마다 사건과 관련된 내용이 대서특필되었다. 이 과정에서 사건의 실마리가 의외의 곳에서 풀렸다. 동물 마취제가 검출되었다는 보도가 나가자 그 마취약을 판 수의사가 경찰에 신고해왔다는 소식이 들렸다. 사건이 이런 식으로도 해결될 수 있구나 하면서 동물 마취제였음을 밝혀낸 것에 보람을 느꼈다. 신고한 수의사의 증언에 따르면 그 마취제를 구입해간 사람은 다름 아닌 사망자의 여자친구였는데, 애완견을 안락사시킨다며 마취제를 사갔고 어느 날 다시 찾아와 그 사실을 비밀로 해달라고 했다고 한다.

마무리될 것 같았던 사건은 수의사가 졸레틸50뿐 아니라 안락사 보조 약물로 황산마그네슘도 같이 팔았다는 것이 밝혀지면서 실험실은 다시 초긴장 상태로 돌아갔고 증거물과의 씨름이 재개되었다. 서부경찰서로부터 수의사가 팔았다는 졸레틸50 한 병과 백색 분말 형태의 황산마그네슘 약 2.3g을 의뢰받았다. 변사자에게서 검출되는 성분이 이들과 동일한지 여부와 더불어 황산마그네슘이 쓰이는 용도 등에 관한 의뢰도 더해졌다.

수의사가 팔았다는 황산마그네슘이 변사자에게서 검출된 것과 동일함을 증명하는 일 또한 녹록치 않았다. 사람의 몸에는 원래 황산마그네슘 성분이 미량으로 존재하고 있기 때문에 외부에서 투입된 황산마그네슘과 내부에 있는 황산마그네슘을 구별하는 일이 큰 도전이었고, 더욱이 사망 후에는 모든 이온의 평형이 깨지므로 황산이온이나 마그네슘염의 농도 판정을 하기에는 혈액이 시료로서의 가치를 상실한다는 점이 또 다른 문제였다. 방법을 강구하던 차에 의뢰물 중에 소변이 있다는 사실이 떠올랐다. 소변에서 배설된 황산이온과 마그네슘이온을 측정한다면 가능할 것 같았다. 먼저 정상인 소변에서 배설되는 황산이온과 마그네슘이온 수치를 조사하고, 변사자의 소변에서 황산이온과 마그네슘이온을 측정하여 정상인의 수치와 비교하였더니 변사자 쪽이 월등히 높았다. 이로써 외부 투입 가능성이 높아 보이자, 실험실은 긴장감 속에서 활력을 띠기 시작했다.

황산마그네슘이 외부에서 투여되었음을 좀 더 확실하게 증명하기 위하여 마약 검사용으로 의뢰된 소변 30종과 다른 사인으로 사망한 사람에게서 채취된 소변을 가지고 마그네슘이온을 측정하여 변사자 소변에서 검출된 마그네슘의 농도와 비교해보았다. 그 결과 변사자 소변에서 검출된 마그네슘 농도가 마약 검사 시료보다 2~15배 높았고, 부검 사체 소변과 비교해도 현저하게 높았다. 사람마다 무엇을 먹었느냐에 따라 마그네슘의 농도 편차가 심해 단정하기는 어렵지만, 여러 가지 실험 결과를 바탕으로 볼 때 황산마그네슘의 외부 투입 가능성을 배제할 수 없다는 결론을 얻게 되었다. 더욱이 황산마그네슘은 중추신경 억제, 골격근 이완, 경련 진정 등의 마취제와 비슷한 작용을 하기 때문에 졸레틸과 황산마그네슘이 같이 검출되었다면 약물의 상승 작용이 있었으리라고 예상되었다. 이런 내용을 종합하여 감정서를 작성해 서부경찰서로 보냈다.

1995년 크리스마스 바로 다음 날, 나는 서부지방검찰청 서부지청에서 이 사건과 관련하여 감정인으로 진술했다. 먼저 개인 신상에 관한 설명을 한 다음 김성재 씨 사체에 관한 약물 검사에 대한 질의와 답변이 이어졌다. 검사 결과 어떤 약물이 검출되었는지, 김성재 씨 사체에서 검출된 틸레타민과 졸라제팜은 어떤 종류의 약물이고 어떤 효과가 있는지, 사체에서 검출된 틸레타민과 졸라제팜의 양으로 사망에 이를 수가 있는지, 졸레틸50 한 통을 5cc 희석액으로 만들어 투약하면 어느 정도의 양이 검출될 수 있는지, 졸레틸50을 모두 투약하면 사망에 이를 수 있는지에 관한 질문이었다. 이와 더불어 황산마그네슘 검사 결과는 어떠하였는지, 황산마그네슘은 어떤 효과가 있는지, 졸레틸과 황산마그네슘을 함께 인체에 투약하면 어떤 영향을 미치는지 등의 질의가 몇 시간 동안 이어졌다.

동물 마취제의 검출은 당시 동물병원에서 애완동물을 안락사시킨다는 명목으로 마취약을 사갔던 김성재 씨의 여자친구 A씨를 범인으로 단정하기에 충분한 단서가 되어 검찰은 그녀를 구속 조치하였고, 사건의 진실은 법정에서 가려지게 되었다. 재판이 진행되면서 나도 1996년 봄, 재판의 증인으로 출두하라는 소환장을 받았다. 국과수 직원으로서 중요한 업무 중 하나는 자기가 감정한 결과를 법정에서 증언 하는 것이다. 증인으로 나서는 것은 편하지는 않은 일이다. 감정을 담당한 사람들은 과학적 근거에만 입각해서 답하려고 하다 보니 변호사들의 집요한 질문에 응답하기 어려울 때가 많을 뿐 아니라, 법정에서 피고인들을 직접 대면한다는 것 역시 불편하기 때문이다. 특히 조직폭력 사건 등과 연루되어 법정에 증인으로 서기라도 할 땐, 보호막이 전혀 없어 두려움을 느낄 때도 많다.

다행히 이번 사건의 경우는 이미 검찰에서 진술한 적이 있어, 나름

대로 내용을 숙지한 상태에서 여유롭게 법정에 출두했다. 부검의의 증언이 끝나고 이어 내 차례가 되었다. 판사, 검사, 변호사, 피고인, 방청석의 방청객들이 있는 곳에서 증인 선서를 하고 답변할 준비를 했다. 증언의 내용은 검찰 진술 조사에서와 크게 다르지 않았지만 혈중 틸레타민과 졸라제팜의 농도가 치사량에 달하는지에 관한 질의는 기존에 전혀 사람에게 쓰이지 않던 약물이라 비교 기준이 없어 답변하기가 여전히 까다로웠다. 질문이 많아 답변을 하고 나니 오랜 시간이 경과되었고, 긴장한 상태에서 말을 많이 해서 그런지 법정을 나오는데 입안이 타고 목이 말라 물을 마시고 싶다는 생각밖에 들지 않았다.

그 후 한 달 반이 지난 6월 5일 서울 중앙지방법원 서부지원 형사 1부는 인기 댄스그룹 듀스의 전 멤버 김성재 씨를 살해한 혐의로 구속 기소되어 사형이 구형된 A씨에게 살인죄를 적용, 무기징역을 선고했고 이 내용은 다음 날 일간지에 대서특필되었다. 재판부는 판결문에서 "피고인이 애인 김 씨 사망 추정 시간에 김 씨와 호텔에 함께 있었다고 인정했고 살인에 사용된 졸레틸을 구입한 사실을 시인한 것을 살인의 증거로 인정한다. 또한 애인 김성재의 헤어지자는 말에 피고인이 앙심을 품고 동물 마취제인 졸레틸을 28차례 투여해 살해한 사실이 인정되는데도 범행을 부인하고 반성의 기미를 보이지 않아 중형을 받아 마땅하다"고 하였다. 한편 일부 언론 보도에 따르면 공판에 흰색 수의를 입고 초췌한 모습으로 나타난 피고인 A씨는 재판부가 증거 사실을 열거하자 고개를 가로젓다가 선고가 내려지자 "난 안 죽였어요!"라고 재판부를 향해 외치기도 했으며, 김성재 씨의 팬들은 재판을 지켜보다가 김 피고인을 향해 야유를 보내기도 했다는 보도도 있었다.

그런데 1심 재판이 끝나자마자 변호인 측에서는 옆방에 김성재 씨의 동료들이 있는 상황에서 피고인이 김 씨의 팔뚝에 동물 마취제를 28차례나 주사했다는 검찰 측 논리는 모순이며, 피고인이 평소 김 씨와 원만한 관계를 유지해 살해 동기가 없었다고 주장하며, 항소심에서 무죄임을 입증하겠다고 밝혔다. 수사 검사에서 공판 검사로 바뀌고 변호사가 보강된 2심 재판에는 부검의가 증인으로 출두하였다. 그리고 재판부는 1996년 11월 5일 검사 측의 항소이유서와 변호사 측의 항소이유서를 검토, 판단한 결과 "범죄의 증명이 없는 때에 해당"하므로 형사소송법에 의하여 무죄를 선고하였다.

과연 치사량이 아니었을까?

—

약독물의 인체 치사량과 관련해서는 나치 시대 유대인이나 전쟁 포로 또는 사형수를 대상으로 실험해 얻어낸 것으로 알려진 청산칼륨과 파라치온의 인체 치사량을 제외하고는 알려진 독성 물질이 거의 없다. 사람을 대상으로 치사량 실험을 할 수 없기 때문에 동물에 독성 실험을 하여 얻는 동물 치사량을 기준으로 인체 치사량을 추정하는 것이 일반적이다. 그런데 독성의 지표로 사용되는 LD_{50}(반수 치사량)은 실험동물의 절반이 치사하는 양인데, 그보다 적은 양에서도 실험동물의 절반이 죽음에 이를 수 있기 때문에 실제로 동물이 치사되는 가장 적은 양인 최소 치사량과 가장 많은 양인 최대 치사량 사이엔 상당한 차이가 있다. 사람들이 술을 마시고 알코올이 해독되는 과정이 천차

보이지 않는 진실을
보는 사람들

024

만별인 것처럼 약독물에 대한 인체 반응도 마찬가지인 것이다. 남용으로 문제가 되었던 프로포폴 중독 사망 사고의 경우, 사망자 14명의 혈액 중 프로포폴의 농도는 0.07~6.56ppm으로 최소와 최고의 농도 차이가 무려 90배 이상이었다. 프로포폴 사망자들의 혈중 농도를 계산하여 그중 50%가 사망한 경우의 농도를 산출해보니 1.3ppm이었는데 그보다 적은 농도에서 사망한 사람이 6명이었다. 만약 1.3ppm을 반수 치사 농도라고 하고 이를 기준으로 한다면, 그 미만의 혈중 농도는 치사 농도에 미치지 않는다고 말할 수 있을까? 이처럼 같은 약독물을 섭취했더라도 어떤 사람에게는 치사량인 농도가 어떤 사람에게는 전혀 영향을 주지 않을 수 있기 때문에, 전문가들은 그 차이를 100배까지 두기도 한다. 물론 이런 까다로움 때문에 독성학 분야가 내게 더욱 매력적으로 다가왔는지 모르겠지만 이 사건을 조사하는 내내 고전할 수밖에 없었다.

약물의 작용에서 종간의 차이도 무시할 수 없는 부분인데 대부분 약독물의 약리 작용은 동물의 종간이나, 같은 종이라 하더라도 개체 간에 차이가 있다고 알려져 있고, 생리활성이 강할수록 종간 작용의 차이가 커지는 것이 일반적이다. 종간의 차이에 관한 대표적인 예로 1975년 5월, 마산에서 발생한 쥐약 사망 사건을 들 수 있다. 당시 우리나라에서는 쥐잡기 운동이 매달 25일을 기해 전국적으로 동시에 시행되고 있었다. 이때 미국 유명 회사에서 개발한 '백호B'가 쥐약으로 선정돼 사용되었다. 이 약은 쥐에 해당하는 반수 치사량이 20mg/kg이었으나, 다른 가축일 경우엔 수치가 달라져서 개는 500mg/kg, 닭은 760mg/kg, 원숭이는 2,000~4,000mg/kg으로 아주 안전한 편이었다.

그런데 백호B를 배급받은 한 중국집 주방장이 이 쥐약이 인체에 무해하다는 사실에 호기심을 갖고 4명의 동료들과 4등분을 하여 나눠 먹었는데, 동료가 먹지 않은 것까지 먹은 뒤 몇 시간이 지나 몸에 이상을 느껴 병원을 찾아가 치료를 받았으나 결국 사망하면서 사회 문제가 되었다. 미국 제조 회사의 조사 결과 이 쥐약은 원숭이에게는 안전하였으나 인체에는 독성이 크게 발현한 것으로 밝혀졌고 더 이상 우리나라에서 쥐약으로 사용할 수 없게 되었다. 이 사건은 쥐, 원숭이나 침팬지 같은 유인원류와 사람 사이에 독성 치사량이 큰 차이가 발생할 수 있음을 보여준 대표적인 사례가 되었다.

또한 약독물, 특히 마취제를 정맥주사로 투입할 경우엔 주사 속도나 마취 과정 등에 따라 영향을 받을 수 있으며 치사량보다 적은 양에도 큰 위험을 초래할 수 있고, 불법으로 주사할 경우 주사액에 공기나 불순물 등이 들어가는 경우도 있어 위험성이 커질 수 있다. 실제로 시술을 목적으로 의사가 맥박을 주시하며 프로포폴을 주사했을 때에도 마비 등의 부작용 증세를 일으킨 사례도 있다. 따라서 사람에게 사용할 수 없는 약물은 생리활성이 큰 물질이기 때문에 투여하거나 주사할 경우 위험성이 더 크다는 사실도 고려되어야 할 것이다.

그러나 무엇보다 범죄 증명의 핵심은 사건 발생 초기에 증거 확보를 위해 범죄 현장 보존을 철저히 하고, 변사자나 현장 주변 등 현장 사진과 더불어 호텔에 설치된 CCTV의 필름, 현장 증거물을 채취하는 일이다. 이번 사건의 경우 황산마그네슘과 졸레틸50을 주사하고 남은 빈 약병이나 주사기가 수거되었다면 빠른 시간 내에 약물이 확인되어 사건이 쉽게 증명되었을 것이다. 부검 결과를 통보받고 뒤늦게 호텔에 설치된 CCTV의 필름과 졸레틸50을 주사하고 남은 약병이나 주사기 등의 증거물을 채취하려 하였으나, 아쉽게도 호텔의 규정에 따라 폐쇄회로는 10여 일이 지나서 이미 지워진 상태였고 방을 청소한 쓰레기 등은 일찌감치 치워졌다. 역시 철저한 초동수사가 사건 해결의 필수 요소라는 생각이 들었다.

프랑스 콧대를 꺾은
과학수사의 힘

: 서래마을 영아 살해 사건

냉장고에서 발견된 아기 시신

—

2006년 7월 23일, 프랑스인들이 모여 사는 방배동 서래마을에 거주하는 프랑스인 A씨는 자신의 집 냉동고에서 영아의 시신을 발견했다. 그것도 하나가 아닌 두 구. 가족들과 함께 여름휴가 차 프랑스로 돌아가 있던 그는 업무 때문에 잠시 혼자 서울에 돌아왔는데, 택배로 배달된 고등어를 넣기 위해 냉동고 문을 열었다가 검정 비닐봉지에 담긴 영아 시체를 발견한 것이다. 시체 두 구는 각기 다른 검은 비닐봉지에 싸여 있었다. 그는 깜짝 놀라서 친구의 도움으로 방배경찰서에 이를 신고했다.

사건을 의뢰받은 방배경찰서는 먼저 영아의 사망 원인을 밝히기 위해 국과수에 부검을 의뢰했다. 그 결과 두 영아의 체구가 다르고, 부패 정도도 다른 점을 미루어볼 때 쌍둥이는 아니며 서로 다른 시기에 태어난 아이임이 밝혀졌다. 그리고 두 영아 모두 폐포에 공기가 차 있는 것으로 보아 일단 태어나 호흡을 했고 살아 있는 상태에서 죽음을 당했음을 알 수 있었다. 사망 원인은 질식사로 밝혀졌다. 이 결과를 바탕으로 수사진은 영아들이 왜 사망했는지, 그리고 그들의 부모는 누구인지 등 사건의 전모를 파헤치기 시작했다.

수사 도중 A씨가 가족이 있는 프랑스로 돌아가겠다고 하여 만일의 상황에 대비해 경찰에서는 A씨의 구강세포 시료를 확보해두었다. 유전자 검사를 위한 시료를 마련할 때, 혈액의 경우는 전문가가 혈액을 채취해야 하나 구강세포의 경우는 손쉽게 채취할 수 있어 주로 구강세포를 시료로 활용하고 있다. 칫솔처럼 생긴 기구로 구강 내부를 문지르기만 하면 구강세포를 신속하고 간편하게 채취할 수 있다. 우선 숨진 영아의 조직을 갖고 유전자 검사를 실시했는데, 예상대로 일란성 쌍둥이는 아니었고, 유전자의 구조가 거의 일치하는 점으로 미루어볼 때 형제지간임이 확실했다. 그사이 유전자분석실의 다른 팀에서는 A씨의 구강세포를 가지고 유전자 검사를 진행했다. 그런데 결과가 나오자마자 양쪽에서 분석한 결과를 비교, 확인하던 임 연구원은 놀라지 않을 수 없었다. 설마 했는데 두 영아의 아버지가 A씨였던 것이다. 임 연구원은 자신의 눈을 믿을 수 없어 처음부터 다시 하나하나 비교하며 몇 번이고 검사를 반복해봤지만, 그 결과는 같았다. 7월 29일 이 결과를 통보받은 방배경찰서는 해당 사건을 신고한 집주인인 A씨가 바로 사망한 두 영아의 아버지임을 발표했다.

사망한 영아들의 아버지를 밝혀냈으니 이제 어머니가 누구인지 알아낼 차례였다. 유전자 분석 결과 두 영아는 동일한 어머니에게서 태어났음이 확실했다. 경찰은 필리핀 가정부를 포함한 A씨의 주변 인물을 수사선상에 두고 수사를 진행했다. 그러나 이들로부터 구강세포를 채취해 분석해보았지만, 영아들과 친자관계가 성립되지 않았다. 무작정 수사를 확대하기엔 무리가 있었고, A씨의 아내도 염두에 두었지만 무턱대고 프랑스에 가서 유전자 시료를 채취해올 수는 없는 일이었다.

고민 끝에 수사팀과 유전자분석실은 생활용품에서 유전자를 채취하기로 했다. 특히 칫솔에서 구강세포를 가장 손쉽게 채취할 수 있기 때문에, A씨 아내와 그들 사이에 태어난 아들 둘의 칫솔까지 모두 확보하기로 했다. 더불어 머리카락이 붙어 있을 빗이나 귓밥이 묻어 있을 귀이개도 좋은 시료가 될 것 같았다. 이에 경찰은 A씨의 집에서 가족들이 사용하던 칫솔 4개, 빗 2개, 귀이개 2개 등을 수거해 유전자 분석을 의뢰하였다. 분석 결과 칫솔 1개와 빗 1개에서는 A씨와 같은 유전자형이 확인되어 배제했고, 나머지 1개 칫솔에 모든 것을 걸고 집중했다. 사용한 지 오래된 칫솔이었는지 구강세포 채취가 쉽지 않아 이 칫솔을 여러 부분으로 나누어 유전자 분석을 진행했는데, 수십 번의 시도 끝에 새로운 남성 유전자형을 얻는 데 성공했다. 새로운 남성 유전자형이 사건을 해결하는 열쇠가 될 것 같아 영아들의 유전자와 비교해보았더니, 두 영아와 형제관계가 성립했고 A씨와는 부자관계가 성립했으며 여성의 유전자형과는 모자관계가 성립했다. 이는 곧 그 칫솔의 주인은 A씨의 아들이며, 그의 어머니가 죽은 영아들의 어머니와 일치한다는 것을 확인해주는 결과였다. 이어 나머지 빗 1개와 귀이개에서 여성의 유전자형이 검출되어 이것에 집중하여 정밀 실험을 실시했다. 여기서 얻은 유전자형을 가지고 사망한 영아들의 유전자와 비교해보니, 이번에도 여성 유전자와 두 영아 사이에 모자관계가 성립되었다.

결국 사망한 두 영아는 A씨와 부인 B씨 사이의 자식임이 증명되었다. 부모의 집 냉장고에 자식의 시체가 유기되어 있다니, 도저히 믿기 힘든 일이라 추가 실험을 여러 번 실시했다.

그사이 경찰 측은 B씨가 수술을 받았다는 사실을 알아내었고, 시술받은 병원에서 보관 중이던 파라핀 블록을 수거하여 국과수에 의뢰하였다. 파라핀 블록을 만들 당시 수차례 약품 처리를 하기 때문에 블록에서 유전자형을 분리해내기가 결코 쉽지 않았지만, 팀원들이 반복해서 실험한 덕분에 파라핀 블록에서 11개 좌위의 유전자형을 검출해냈다. 이 유전자형은 빗과 귀이개에서 검출된 여성 유전자형과 정확하게 일치하였다. 그 결과 B씨가 죽은 두 영아의 어머니임을 다시 한 번 확증할 수 있었다.

프랑스 측의 강력한 부정
—

감정은 일단락됐고 경찰에서 8월 7일, 그 결과를 발표했다. 그러나 프랑스 측에서는 우리 분석 결과를 믿으려 하지 않았다. 그 당시 프랑스에 있던 부부는 기자회견을 열어 한국에서의 수사 결과를 전면 부인하고 비난했다. 무엇보다 유전자 감정이 너무 빨리 이루어져 신뢰할 수 없다는 것이다. 프랑스에서는 우리나라의 유전자 분석 시스템과 기술력을 잘 알지 못해서 하는 말이었겠지만, 답답한 건 어쩔 수 없었다.

국과수에서는 증거물이 의뢰되면 일반적으로 14일 이내에 그 결과를 통보하는 것이 원칙이다. 특히 살인 사건같이 긴급한 상황일 경우, 사건이 발생한 지 2~3일 내로 감정을 완료하는 경우도 있다. 이에 비해 그 당시 유럽은 감정하는 데 기한이 정해지지 않은 경우가 많고, 유전자 분석 한 건을 완료하는 데 3개월 이상 걸리는 경우가 대부분인데다, 프랑스의 경우 특히 감정 기간이 더 길게 소요되는 것으로 알려져 있으니 우리나라의 시스템을 인정하기 어려웠을지도 모른다. 그러나 우리 입장에서는 사건의 중요성을 따져 다른 것들보다 우선하여 더욱 신속하게 결과를 내보려고 한 것인데, 너무 빠르다며 오히려 이를 흠잡으려고 하다니 이해하기 힘들었다.

게다가 프랑스 쪽에선 생활용품에서 유전자형을 추출해낸 과정 또한 믿기 어렵다고 했다. 직접 증거물을 채취할 수 없을 경우 사용하는 대체 증거물을 인정하지 않겠다는 말이었다. 증거물을 직접 채취할 수 없는 상황에 생활용품이라는 대체 증거물을 생각해낸 것은 정말 현명한 판단이었는데, 프랑스 쪽에선 이에 이의를 제기했다. 물론 탁월한 분석 기술이 바탕이 되지 않으면 생활용품에서 유전자를 분석하기란 결코 쉬운 일이 아니다. 칫솔에 묻어 있는 극미량의 시료에서 유전자를 분리해냈다는 것은 그만큼 우리의 기술력이 발전했다는 것을 의미했다. 이렇듯 수사와 법과학이 완벽하게 조화를 이루어 일궈낸 결과를 인정하지 않으니 답답할 뿐이었다. 프랑스 쪽에서는 또한 B씨가 임신한 것을 본 사람이 없음을 들어 그녀의 결백을 주장했다.

프랑스 수사 기관도 곧이어 이 사건의 수사에 착수했다. 그들은 프랑스 대사관 직원을 입회시켜 두 영아의 시료를 채취해 프랑스로 보내도록 했다. 감정 결과는 우리 수사 기관 측과 일치했고, 이에 프랑스 측에서도 공식적으로 감정 결과를 발표했다. 이렇게 되자 B씨도 범죄를 자백했고 결국 영아 살해 유기 혐의로 구속되었다. 국내 언론에서는 이 과정을 보도하며 "프랑스도 두 손 든 우리나라 과학수사의 힘" "프랑스의 콧대를 꺾었다" "과학수사의 개가" 등의 제목으로 일제히 우리나라 과학수사 기술을 칭찬했다.

세계적으로 인정받은 한국 CSI의 힘

—

프랑스에서 본격적으로 수사가 진행되기 전까지만 해도 아무도 우리나라의 과학수사 기술을 믿어주지 않는 것 같아 서운함이 컸다. 한국에서 서래마을 영아 사건에 대한 수사 결과를 발표한 지 얼마 되지 않은 8월 말쯤, 내가 소속된 국제법독성학회의 연차회의 참석차 슬로베니아에 방문할 일이 있었다. 이때 학회의 회장이던 프랑스인 친구와 서래마을 사건에 대해 이야기할 기회가 생겼다. 프랑스에서 이 사건에 대해 어떻게 생각하는지 궁금해서 말을 꺼냈는데 일반인들까지 알고 있을 정도로 꽤 관심이 집중된 사건이었다.

그런데 이야기를 하다 보니 여간 억울한 마음이 드는 게 아니었다. 그 당시 줄기세포 문제로 과학자가 공식적으로 발표하는 논문의 결과도 조작하는 그런 나라의 과학수사 기술을 어떻게 믿을 수 있겠느냐고 프랑스 언론에서 보도하기도 했다는 것이다. 관계가 거의 없는 사건까지 들먹이니 화가 나고 답답해져 애초에 이야기를 꺼낸 것이 후회될 정도였다. 어떻게 해서든 우리의 기술력을 증명하고 싶었지만 당장 할 수 있는 게 없었다. 그런데 학회를 마치고 서울에 돌아오니 마침 프랑스에서 본격적인 수사를 결정해 프랑스 대사관 영사가 직접 국과수를 방문해 외교 절차에 따라 영아들의 조직을 채취하여 프랑스에 보냈다는 소식을 전해들었다. 이제 곧 우리의 뛰어난 실력을 증명할 기회가 온 것 같아 마음속으로 쾌재를 불렀다.

얼마 후 프랑스에서 우리 측과 동일한 조사 결과를 발표했다. 사실 그들은 우리와 달리 B씨로부터 직접 유전자 시료를 채취할 수 있었기 때문에 훨씬 용이한 상황이었다. 결과가 발표되자마자 프랑스 언론에서는 "프랑스 너무 오만했다" 등을 제목으로 내세우며, 프랑스가 한국의 수사 실력을 깔봐 프랑스에 대한 한국인의 감정이 악화되었다고 보도하며 사과의 뜻을 전하라고 촉구했다. 이어 주한 프랑스 대사가 방배경찰서에 유감의 뜻을 표했고, 〈르몽드〉 지에서 국과수를 직접 취재하러 오는 등 우리의 과학수사 기술을 인정하는 모습을 내비쳐, 유전자분석실 연구원들은 물론이고 국과수 연구원들 모두 자부심을 느끼는 계기가 되었다.

그다음 해 3월, 싱가포르에서 열린 국제법독성학회 집행회의에서 프랑스인 친구가 나를 보자마자 얼른 다가와 서래마을 사건에 대해 먼저 이야기를 꺼냈다. 우리나라에서 보낸 증거물을 프랑스 3개 연구 기관에서 실험했는데 결과가 우리와 일치하였고 B씨가 정신 감정을 계속 받고 있다는 등 관련 소식을 전하면서, 그 당시 한국의 과학수사 결과에 대해 재차 이야기하곤 미안한 표정을 지었다. 그 후로 그 친구로부터 B씨의 근황을 들었는데, 그녀는 임신거부증을 앓고 있는 것으로 판명되었고 영아 살해 유기 혐의로 구속되어 8년형을 선고받았다고 했다. 그리고 사건과 관련이 없어 무죄 판정을 받은 남편은 2010년 그 사건에 관한 책을 써 출판했다.

열정과 성실한 자세로 해결한 서래마을 사건은 우리나라 유전자 분석 기술이 세계적인 수준에 이르렀다는 사실을 증명해 보였다는 점에서 그 의의가 매우 크다. 사실 대한항공기 괌 추락 사고, 중국 민항기 추락 사고, 대구 지하철 화재 사건, 인도네시아 지진 해일 현장 등에서의 활약을 통해 우리나라 유전자 기술의 실력은 이미 해외에서도 인정받고 있었다. 그런데 이번 사건을 통해 이제는 아시아를 넘어 전 세계적으로 명성을 얻게 된 것이다.

그간 유전자분석실 소속의 연구원들이 고생하는 걸 지켜봐온지라 늦게나마 그 노고를 인정받게 된 것 같아 반가웠다. 늘 기한이 충분치 않아 최대한 빨리 감정을 진행하고, 자칫 잘못된 검사 결과로 한 사건을 어그러뜨릴 수 있다는 심리적 압박을 견뎌내면서까지 그들은 정말 국민 안전의 선봉장이 되고 있다. 육체적, 정신적 스트레스가 컸을 텐데도 늘 똑같은 마음으로 모든 사건을 담담히 처리하는 그들의 열정에서 진정한 프로의식을 느끼곤 한다. 이 사건 덕분에 그해 한 시민단체에서 시상하는 '2006년 한국을 빛낸 100인' 중에 반기문 유엔사무총장, 비보이 등과 더불어 국가기관으로서는 유일하게 국과수가 선정되었다.

모기 눈물만 한 혈흔으로
완전범죄를 깨뜨리다

: 강호순 연쇄살인 사건

여대생 A양 실종 사건

—

2008년 12월 19일, 경기도 군포시 산본역에서 마을버스를 타고 군포보건소 정류장에 내린 대학생 A양이 보건소에 들렀다 길을 건너 버스 정류장에 간 것까지는 확인되었는데 그 후의 행방이 묘연한 상태로 실종되었다. 그리고 나서 불과 몇 시간 만에 안산시 성포동의 한 은행 현금인출기에서 실종자 A양의 카드로 현금이 인출된 것이 확인되었는데, CCTV에 찍힌 범인은 가발과 마스크로 얼굴을 가린 상태였다. 경찰은 A양이 납치된 것으로 판단하고 A양의 마지막 모습이 담긴 CCTV 영상을 분석하였으나, 보건소에서 나온 A양이 길을 건너 버스 정류장에 서 있는 모습 이후에는 흔적을 찾을 수 없었다. 순식간에 버스 정류장에서 사라져버린 것이다. 그렇다면 A양이 납치범의 차량을 타고 이동했을 것이라는 결론을 내린 경찰은 보건소 앞에 설치된 CCTV를 수거하고, 보건소 앞을 시발점으로 범인의 예상 이동 경로를 그려보며 그다음 장소에 설치된 CCTV를 채증하여 국과수에 의뢰했다.

증거물을 의뢰받은 국과수 영상연구실에서는 먼저 사건이 발생했을 것으로 추정되는 시간대에 보건소 앞 CCTV에 찍힌 수천 대의 차량을 꼼꼼히 분석하기 시작했다. 비록 차의 번호판은 보이지 않았지만 차종은 확인할 수 있었고, 차종과 함께 전면 유리창에 부착된 주차 스티커 등의 특징까지 확보할 수 있었다. 이어서 차량 이동 방향으로 4km 전방에 설치된 CCTV 영상을 조사했다. 이 CCTV는 원래 교통량 측정이 주 목적인데 다행히 차량들의 번호판까지 선명하게 보였다.

처음 CCTV 조사에서 보였던 차량이 이번에도 찍혔는지 세심하게 비교해서 살펴보았다. 그 과정에서 CCTV를 판독하던 연구원은 순간적으로 원형과 사각형의 주차 스티커가 붙어 있던 에쿠스에 강렬한 인상을 받았다. 보건소 앞 CCTV에도 찍힌 차량인데, 이번에는 차량의 번호판뿐만 아니라 운전자의 운전 자세까지 포착할 수 있을 정도로 화면이 선명했다. 그런데 에쿠스 운전사의 자세를 보니 특이하게 왼손으로 운전대를 잡고 오른손으로는 무언가를 누르는 듯해서 연구원이 순간적으로 혹시 이 차량이 아닌지 눈여겨본 것이다. 직감을 뒤로하고 영상연구실에서는 두 차례 조사에서 얻은 차량의 정보를 나열해 경찰 측에 전달했다.

경찰 측은 전달받은 정보를 바탕으로 백여 대의 차량에 대한 차적 조사를 진행하며 수사를 재개했다. 차량의 소유주를 한 사람 한 사람 찾아가며 사건 당일의 행적을 추적하던 중 에쿠스 차량의 소유주도 만났다. 그런데 이 차량의 소유주가 요즘 그 차는 자신의 아들이 운전하고 있다며 사건 당일 운전을 했던 사람도 아들 강호순이라고 했다. 이에 경찰은 실제 차량을 운전한 강호순을 찾아가 사건이 발생한 날의 행적을 조사했다. 그런데 강호순의 답변이 명확하지 않았고, 미심쩍은 부분이 있어 보강 조사 차 다음 날 다시 그를 방문했는데, 운전했던 에쿠스 차량과 함께 다른 무쏘 차량이 불에 탄 채 발견되었다. 그 순간 강호순이 사건의 범인일 것이라는 강한 심증을 갖게 되었지만, 혐의를 입증할 물적 증거물이 모두 불에 타버려서 곤란한 상황이 되었다. 이후 수사를 진행한 경찰 측의 이야기를 들어보면, 심문 초반에는 강호순의 외모나 태연한 태도 때문에 그가 범인이라는 확신이 서지 않았다고 한다. 또한 강호순은 조사받는 동안 긴장하거나 동요하지 않고 "증거를 가져오라"며 범행을 부인하다 CCTV 화면과 사건 발생일의 행적 등을 바탕으로 끈질기게 심문하니 결국 A양의 납치 실해 사실을 자백했다고 한다. 강호순은 범행 당일인 2008년 12월 19일, 여자친구와 싸운 후 에쿠스 차량을 타고 귀가하던 중 보건소 앞 버스 정류장에 홀로 서 있는 A양을 발견했다. 집까지 데려다주겠다며 접근해 A양을 차에 태운 뒤, A양에게 성관계를 제안했지만 A양은 격렬히 저항했다. 그래서 A양을 한적한 논두렁으로 끌고 가 스타킹으로 목을 졸라 살해했다는 것이다. 그는 A양을 암매장한 후 불과 4시간 만인 오후 7시 26분에 A양의 신용카드로 70만 원을 인출하는 대범함을 보였다. 경찰은 강호순의 자백을 토대로 안산시 도금 단지 부근의 논두렁에서 알몸 상태의 A양의 시체를 찾아냈다.

미량의 혈흔으로 연쇄살인을 밝혀내다
—

비록 A양의 시신은 찾았지만 증거 보완을 위해 경찰은 강호순의 집을 다시 수색했다. 차량은 불에 타버려 증거물을 채취할 수 없었지만, 그의 집을 샅샅이 수색해 범행과 관련 있을 것으로 추정되는 의류 수십 점을 찾아 국과수 유선자분석실에 감정을 의뢰했다. 이때 그의 리베로 트럭에서 발견한 검은색 점퍼도 혹시 하는 마음에서 함께 의뢰했다. 옷가지를 의뢰받은 유전자분석실에서는 우선 옷들의 외관 검사를 실시했는데 외관상으로는 혈흔으로 의심되는 어떤 물질도 발견되지 않았다. 그런데 워낙 미량일 경우에는 외관 검사로는 눈에 띄지 않는 것이 보통이기 때문에, 산더미 같은 옷들을 암실로 옮겨 하나씩 조심스럽게 루미놀을 뿌려가며 혈흔을 찾는 작업을 실시했다. 하나씩 하나씩 꼼꼼하게 온 정성을 들여 흔적을 찾아보려 했으나 별다른 소득이 없었다. 마지막 남은 점퍼에 루미놀을 뿌리곤 집중해서 옷의 앞뒷면을 살폈지만 아무 것도 찾을 수 없었다. 끝까지 아무 흔적도 찾을 수 없나 보다 하고 실망했는데 그 순간 오른쪽 소매 끝 부분에서 루미놀로 인한 형광의 푸른색이 희미하게 빛나는 것이 보였다. 이 빛깔은 혈흔과 반응할 경우에 방출되는 것이라 갑자기 연구원들 사이에 생기가 돌면서 지금까지 머리를 지끈거리게 했던 모든 것이 순식간에 사라지는 듯했다.

빛의 세기로 보아 육안으로는 도저히 찾을 수 없을 정도의 핏자국이었다. 누구의 혈흔일까? A양의 혈흔일 가능성이 높을 것으로 예측하며 유전자 검사를 진행했다. 유전자 감식을 위해 점퍼의 발색 부위를 혈흔 채취용 면봉으로 조심스럽게 닦아냈다. 그리고 DNA를 순수하게 정제하고, 극미량의 DNA도 10억 배 이상으로 증폭시켜 분석할 수 있게 하는 PCR 증폭 과정이 이어졌다. 이때 증폭된 DNA는 자동유전자형 분석기를 이용해 분석되는데, 이렇게 밝혀진 DNA 프로필이 완벽하게 일치할 경우 동일한 사람이라고 판정할 수 있다.

그런데 점퍼의 혈흔에서 분리된 DNA 결과는 기대와는 다르게 여대생 A양의 것이 아닌, 다른 여성의 것으로 밝혀졌다. 그 순간 실망감이 컸지만 반사적으로 최근 2년간 경기 서남부 지역에서 부녀자를 대상으로 한 여섯 차례의 연쇄실종 사건과 관련이 있지 않을까 하는 생

각이 들었다.

그 당시 2006년 12월을 시작으로 2008년 11월까지 2년간 경기 서남부 지역에서 6명의 여성이 잇달아 실종된 연쇄실종 사건이 발생했다. 이들은 20세부터 52세까지의 여성들로 노래방 도우미, 주부, 대학생 등 직업도 다양했다. 그중 노래방 도우미 B씨가 실종 5개월 만에 암매장된 채 발견되었는데 1986년 9월부터 발생한 화성 연쇄살인 사건(미제 사건 9건)의 기억이 아직도 생생한 그곳에서 또다시 연쇄살인 사건이 일어나자 온 국민이 경악하며 불안해 했다. 그런데 부녀자 연쇄살인 사건은 CCTV 분석이나 유전자 감식으로 이렇다 할 범인의 단서를 발견할 수 없었고, 경찰이 이 사건을 공개 수사로 전환해 범인을 검거하는 데 전력을 쏟았지만 큰 진전은 없었다.

경기 서남부 부녀자 연쇄실종 사건은 점점 미궁 속으로 빠져드는 듯했다. 많은 범죄 전문가들은 실종된 6명의 여성이 동일범에 의해 납치되어 살해되었을 것으로 예측했으며, 미국의 유명한 연쇄살인범 테드 번디Ted Bundy처럼 차량을 이용해 여성을 유인하고 납치해서 강간 후 살해했을 가능성이 크다고 추정했다. 테드 번디는 미국의 악명 높은 연쇄살인범으로 그의 이름이 연쇄살인범이라는 용어와 동의어로 쓰일 정도로 수법이 악랄했다. 그는 여러 차량을 훔쳐 타며 미국 전역에서 살인극을 벌였는데, 정확하게 밝혀지지는 않았지만 30명 이상을 살해한 것으로 알려졌다.

동일범의 소행일 것이라는 전문가들의 추정에 따라 국과수 유전자 분석실에서는 경찰과 협력하여 실종자들의 직계가족이나 그들이 사용하던 생활용품 등을 통해 DNA형을 확보해놓고, 범죄 용의자가 잡히기만 하면 즉시 대조 실험을 진행할 수 있게 철저히 준비하고 있었다. 그러나 범인은 잡히지 않았고 시간만 계속 흘러가고 있었다. 바로 그러한 시점에 여대생 A양 실종 사건이 발생한 것이다. 강호순의 옷가지 감정을 담당한 임 연구원은 황급히 이미 확보해놓았던 실종 부녀자들의 추정 DNA형과 강호순의 검은색 점퍼의 혈흔에서 검출된 DNA형을 비교해보았다. 혈흔의 DNA와 실종자들의 DNA를 하나하나 조심스럽게 비교하던 임 연구원은 순간 몸에서 전기가 흐르는 듯한 전율을 느꼈다. 혈흔의 DNA와 일치하는 실종자의 DNA를 발견한 것이다. 혈흔의 주인은 바로 2008년 11월 실종된 주부 C씨였다. 점퍼 혈흔의 DNA는 실종된 C씨의 칫솔에서 검출된 DNA형과 정확히 일치했다. 감정물이 의뢰된 지 하루 만에 올린 값진 성과였다. 국과수는 즉시 경찰에 감정 결과를 통보했다.

연쇄살인의 증거를 확보한 경찰은 노련하게 움직였다. 자백 직전까지 강호순은 경찰의 여죄 추궁에 증거를 가져오라며 버텼다. 프로파일러를 투입하면서까지 강호순을 설득하고 압박하던 경찰은 국과수에서 통보한 DNA 결과를 받고 쾌재를 불렀다. 경찰이 국과수 DNA 감정 결과를 증거로 제시하자 강호순은 결국 C씨를 비롯해 경기 서남부 일대에서 일어난 다른 실종 사건들도 자신의 범행이라고 자백했다. 과학적인 증거 앞에 희대의 살인범도 무릎을 꿇을 수밖에 없었던 것이다.

점퍼 소매 끝에 묻어 있던 눈에 보이지도 않을 정도의 혈흔을 발견하지 못했다면 과연 어떻게 되었을까? 애초에 눈에 보일 만한 크기의 혈흔이었다면 강호순이 자동차와 함께 점퍼까지 진작 태워버렸을지도 모른다. 그 당시 혈흔의 양이 어느 정도였는지를 묻던 신문기자의 질문에 센터장이 나노그램(ng)의 단위라고 답했더니 감을 못 잡는 눈치였다. 이에 킬로그램(kg)의 천분의 일이 그램(g), 그램의 천분의 일이 밀리그램(mg), 밀리그램의 천분의 일이 마이크로그램(μg), 마이크로그램의 천분의 일이 나노그램(ng)이라며, 모기 눈물보다도 적은 양일 거라고 설명했다. 그랬더니 다음 날 조간신문에는 "모기 눈물보다 적은 양의 DNA가 희대의 살인범을 잡았다"는 헤드라인의 기사가 대서특필되었는데, 이 기사를 보면서 적절한 비유를 통해 과학적인 내용을 독자들이 좀 더 쉽게 이해할 수 있도록 한 기자의 능력에 감탄했다.

완전범죄는 없다
—

강호순이 저지른 연쇄살인의 경우, 끔찍한 범행 방식 때문에 검거 전부터 유영철이나 정남규 등과는 다른 새로운 유형의 연쇄살인범일 것이라고 예측되었다. 그는 자신과 실랑이하던 중 A양의 손톱에 증거가 남았을 수도 있다는 생각에, A양을 살해한 뒤 그녀의 손끝을 모두 잘라냈다. 주부 C씨의 시체에서도 손끝이 훼손된 것이 관찰되었다. 강호순은 자신의 집 앞 공터에서 범행에 사용한 에쿠스와 무쏘 차량을 모두 불태웠고, 컴퓨터도 다시 포맷해둘 정도로 완벽을 기했다. A양의 카드로 현금을 인출할 때에는 손가락에 콘돔을 낄 정도였다.

그러나 완전 범죄는 없었다. 강호순 사건에서와 같이 용의선상에 올라 있을 경우 용의자의 증거 인멸을 위한 시도는 오히려 그를 유력한 용의자로 만들 수 있다. 강호순은 경찰이 그를 방문해 조사하고 돌아간 후 완전 범죄를 꿈꾸며 에쿠스 차량과 무쏘 차량을 불태워 범죄의 증거를 인멸하려 했다. 그런데 오히려 이런 행동 때문에 강호순은 유력한 용의자로 의심받게 되었다. 수사관들은 강력한 심증을 토대로 집념을 갖고 낡은 점퍼를 찾아냈고, 이를 전달받은 국과수에서는 혈흔을 찾아내 유전자를 확인하면서 강호순이 여대생의 살인범일 뿐 아니라 부녀자 연쇄실종 사건의 범인임을 증명할 수 있었다. 강호순의 완전 범죄는 성공할 뻔했지만 더 노련한 수사관과 연구원이 있었기에 완전 범죄란 존재할 수 없었다. 그는 피해자가 CCTV에 찍힐 것을 우려해 피해자를 오른손으로 누르고, 왼손으로 운전을 하는 치밀함을 보였지만, 국과수 영상분석 전문가들은 이를 놓치지 않고 의문을 갖고 이 차량을 용의선상에 올려놓으면서 사건 해결에 실마리를 제공하였다.

강호순 연쇄살인 사건은 우리나라 과학수사와 법과학에 큰 영향을 끼쳤다. 줄곧 범죄자 DNA 데이터베이스의 필요성이 제기되었지만, 이전까지는 인권 문제와 검경 갈등 등의 이유로 번번이 법안 통과가 좌절되었다. 그런데 강호순 연쇄살인 사건을 계기로 다시 한 번 DNA법에 관한 필요성이 국민적 관심을 받기 시작했다. 이런 국민적 관심에 힘입어 2009년 12월, 드디어 "디엔에이신원확인정보의 이용 및 보호에 관한 법률"이 국회를 통과했으며, 이 법안은 2010년 7월 25일부터 시행되었다. DNA와 관련된 법안이 발효됨에 따라 방화나 살인, 강간 사건 등이 발생하면 현장 증거물과 함께 구속 피의자 및 수형자로부터 확보된 DNA 프로필을 데이터베이스화하여 관리하게 되었고, 이렇게 데이터베이스화가 진행되면서 사건 수사가 신속히 진행되고, 과거에 저지른 여죄까지 찾아낼 수 있게 되어 과학수사 발전에 획기적으로 기여하고 있다.

DNA는 인체 모든 부위의 세포에서 증명할 수 있으며, 죽기 전까지 변하지 않는다. 그리고 유전자는 일란성 쌍둥이를 제외하면 사람들마다 고유한 DNA를 갖고 있기 때문에 개인을 특징짓는 가장 완벽한 자료로 사용할 수 있어 범인을 구별해내는 데 가장 확실한 증거가 된다. 일반적으로 육안으로 식별되는 혈흔, 정액, 타액, 모발 등에서 유전자 감식 시료를 얻는데, 현재는 눈에 보이지 않는 극미량인 1ng 정도만 있어도 분석에 충분할 정도로 기술이 발전되었다. PCR 증폭 기술의 발전으로 세포 하나만 있으면 유전자 추출이 가능해 과학수사에서 독보적인 위치를 차지하게 된 것이다.

특히 일단 데이터베이스화만 해두면, 사건이 발생한 지 오랜 시간이 지나도 활용할 수 있다는 장점이 있다. 이 덕분에 10년 공소시효 11개월을 남겨놓고 성폭행범이 잡힌 경우도 있었다. 2010년 6월에 경남 진주경찰서 관할 지역에서 D씨가 주거 침입 혐의로 붙잡혔다. 그런데 수사를 하다 보니 범행 수법이나 인상착의가 10여 년 전의 미해결 강력 사건 피해자 진술에서 보았던 것과 비슷했다. 이를 수상하게 여긴 경찰은 범인의 구강시료를 채취해 국과수에 DNA 검사를 의뢰했다. 국과수에서는 DNA 추출기로 유전자형을 확보하여 데이터베이스를 검색해 비교해보았는데, 검색을 시작한 지 10분도 되지 않아 자동검색기에서 유전자형 일치를 알리는 신호가 울렸다. D씨의 유전자형이 2001년 성폭행 사건에서 발견한 증거물에서 나온 유전자형과 일

오직 진실을 향한
뜨거운 집념

047

치했던 것이다. 이 결과 덕에 경찰 수사는 활기를 띠기 시작했고, 성폭행을 부인하던 D씨는 결국 2001년의 범행을 실토했다.

그런데 국과수 검색팀이 2001년 증거물에 관한 데이터베이스를 검색하던 중 새로운 사실을 발견했다. 증거물에 D씨의 유전자형 외에 또 다른 남성 유전자형이 존재했던 것이다. 이를 경찰 측에 통보하자 즉시 공범자에 관한 수사가 이루어졌다. 경찰은 국과수의 조사 결과를 가지고 D씨를 집중 추궁한 결과 이 사건에 또 다른 공범자인 E씨가 있음을 밝혀냈다. E씨는 D씨와 고등학교 동창으로 사건 당일 밤늦은 시각, 술에 취해 귀가하던 F양을 몰래 따라가서 피해자가 잠들기를 기다렸다가 집에 침입하여 범행을 저질렀다. E씨를 수배하여 구강시료를 채취한 뒤 유전자형을 검출해 DNA 데이터베이스에서 검색해봤더니 역시 증거물에서 검출된 D씨의 유전자 외의 남성 유전자형과 일치했다. 결국 9년 전에 발생한 미제로 남아 있던 사건이 DNA 데이터베이스 덕분에 실마리가 풀린 것이다. 공소시효 약 11개월을 앞둔 시점이었다.

이 밖에 2013년 2월 14일, DNA 데이터베이스 덕분에 공소시효 두 달을 앞둔 성폭행범이 붙잡히기도 했다. 현장에서 채취한 증거물에서 분리한 DNA를 데이터베이스화한 덕분에 많은 사건이 해결되고 있어 유전자 분석 기술에 관한 관심은 최고조에 이르고, 활용 방안 역시 과학수사 분야에서 초미의 관심사가 되고 있다. 범인을 식별하는 데 DNA만큼 정확한 증명 방법이 없을 뿐 아니라 탐문이나 추적 등 종래의 수사에 투입되었던 경찰 인력을 줄일 수 있는 효율성을 내포하고 있기 때문에 과학수사에서 DNA의 역할은 점점 증대될 것이라 확신한다.

자살, 타살의 단골 독약

: 청산가리 살인 사건

한적한 시골 마을에서 발생한 청산가리 사망 사건
—

2009년 4월 29일, 충남 보령 한 작은 마을의 주민 50명이 효도관광으로 안면도 꽃박람회를 다녀온 직후 3명이 사망하는 사건이 발생하여 마을 전체가 큰 충격에 빠졌다. 변사자 중 한 명인 A씨는 오후 11시께 화장실 앞 거실 바닥에 손에 칫솔을 든 채 쓰러져 있는 것을 남편이 발견하여 병원으로 옮겼으나 숨졌고, 이튿날 오전 10시 40분경에는 같은 마을에 사는 B씨와 그의 아내 C씨는 주거지에서 누운 상태로 사망해 있는 것을 동네 주민들이 발견했다.

이 사건은 하마터면 그냥 묻힐 뻔했는데, 사인을 지병으로 인한 자연사로 생각한 사망자 가족들이 의사가 많지 않은 외딴 시골에서 주로 이용하는 제도인 인우보증(사망자의 인적 사항, 사망 내용을 인우 2명이 보증하면 장례 절차를 진행할 수 있는 제도)을 통해 마을 이장에게 사망을 확인받고 장례 절차를 시작하려던 참이었다. 그러나 한 동네에서 동시에 세 명이 사망한 것을 수상히 여긴 경찰의 의뢰로 부검이 진행됐고, 그 결과 세 사람 모두에게서 위점막 출혈과 결막상에 약간의 울혈이 보였다. 위점막 출혈은 독성 물질에 의해 생겼을 가능성이 높아 약독물에 의한 사망이 의심되어 약독물 검사를 중점적으로 실시했다.

부검 시료로 위내용물과 혈액을 의뢰받은 중부분소 약독물실에서는 먼저 위내용물의 액성을 검사했는데, 세 사람의 위내용물 액성이 중성, 약알칼리성, 강알칼리성으로 정상인의 위내용물의 액성인 산성과는 차이가 있어 강알칼리성 약물의 복용이 의심되었다. 강알칼리성 약물 중에는 청산염이 대표적이기 때문에 이를 염두에 두고 실험을 진행했다. 예상과 같이 정밀 실험에서 청산염이 검출되었다. 이런 국과수의 감정 결과를 바탕으로 수사의 방향이 선회되어, 이 세 사람이 어떤 연유에서 청산염을 복용하게 되었는지 본격적으로 수사가 진행되었다.

경찰에서는 먼저 이들이 관광 도중 먹은 음식과 음료수 등을 국과수에 의뢰했다. 주민들이 함께 먹은 설렁탕과 음료수 등에 관하여 청산염의 함유 여부를 실험했으나 청산염은 검출되지 않았다. 경찰에서는 혹시 사망한 세 사람만 따로 먹은 음식은 없는지 사망 당일 변사자들의 행적을 추적하는 등 다각적인 수사를 벌였다. 또한 귀가한 뒤의 행적 등도 조사했지만 별다른 목격자를 확보하지 못했다. 따라서 일단 음식을 좀 더 조사해보기로 하고 이들 집에 있는 음식을 모두 수거해 청산염에 관한 실험을 다시 국과수에 의뢰했다.

수거한 증거물은 돌참게를 비롯하여 돌참게가 들어 있는 냄비, 조개, 변사자들이 조개를 주운 장소에서 수집한 돌참게와 갯벌 흙 등이었다. 이와 더불어 A씨 집에서 소다로 추정되는 백색 분말과 바닷물이 청산에 오염되었을 가능성을 두고 바닷물도 수거하고, 사망자 B씨의 집 싱크대 배수구에서 수거한 물까지 의뢰됐다. 이렇게 의뢰된 많은 증거물을 가지고 약독물실은 밤늦게까지 실험했으나, 모든 증거물에서 청산염은 검출되지 않았다. 결국 외부에서 청산염이 투입되었을 것으로 추정, 일단 경찰은 보령을 중심으로 가까운 인근 지역인 천안, 홍성, 청양, 서천 등에 있는 화공약품 취급 업소를 수소문해봤지만 청산염류를 판매했다거나 청산염류가 반출됐다는 단서는 얻어내지 못했다.

사망자들이 청산염으로 사망한 것이 밝혀지자 마을 사람들은 불안에 휩싸였다. 마을 사람들은 변사자 A씨의 남편이 아내를 간호하겠다고 40년 만에 낙향했고, 다른 여자와 사귀고 있다는 점 등을 이유로 A씨의 남편 D씨를 의심하기 시작했다. 그러던 중에 다른 피해자 B씨 집에서 "오서산에 나물 캐러 왔다가 안 계셔서 피로회복제 두어 개 놓고 가오. 다음에 들르겠소"라고 쓰인 신문지와 음료병 2개가 발견되었다. 경찰은 직감적으로 이 신문지가 사건의 결정적인 실마리가 되겠다는 생각에 국과수에 필적 감정을 의뢰하였다. 이때 대조 필적으로 마을 사람들의 글씨와 함께 D씨의 글씨도 함께 의뢰되었다. 문서실에서 다양한 문서 감정 기법을 활용하여 실험한 결과 문제의 필적이 D씨의 필체와 일치하고, 잉크 성분도 D씨 집에 있던 펜의 성분과 같은 것으로 밝혀지면서 수사망이 좁혀졌다.

유력한 용의자로 D씨를 지목한 경찰은 청산염 판매상들을 대상으로 청산염의 구입 경로를 밝히기 위해 힘겹게 수사를 이어나갔다. 결국 D씨의 지인으로부터 "꿩을 잡는 데 필요하다"는 부탁을 받고 청산칼륨을 건넸다는 진술을 확보했다. 그는 D씨의 부탁을 받고 몇 달 후 자기가 운영하던 공장에서 1993년까지 사용했던 청산칼륨을 비닐봉지에 넣어 D씨에게 주었다고 진술했다. 1993년부터 2009년까지 사용되지 않았던 이 청산칼륨은 최소 16년간 쓰지 않고 보관되었던 것으로 이번 사건에서 중요한 쟁점이 되었다.

보령경찰서는 4개월이 넘도록 끈질긴 수사를 이어가 마침내 청산칼륨으로 아내와 이웃 주민 등 3명을 숨지게 한 혐의로 D씨를 구속했다. 2009년 4월 29일 밤 11시게 자신의 아내에게 청산칼륨을 먹여 숨지게 한 뒤, 백여 미터 떨어진 B씨 집을 찾아가 청산칼륨이 섞인 피로 회복제를 두고 와 B씨와 그의 아내를 숨지게 한 혐의였다. 평소 자신의 불륜으로 가정 불화가 심했는데, B씨 부부가 이에 관해 충고하자 D씨가 보복의 마음을 품고 있었던 것으로 알려졌다.

이 사건은 2010년 2월 대전 지방법원 홍성 지원에서 간접 증거를 종합하여 범죄를 인정하면서 D씨에게 무기징역을 선고했고, 8월 대전 고등법원에서는 각별한 관계의 피해자 3명을 죄의식 없이 치밀하게 살해했다는 판결을 바탕으로 D씨에게 사형을 선고했다. 그런데 피고가 상고하자 대법원에서는 여러 가지 의문을 제기하면서 이 사건을 파기 환송하여 다시 사건이 새로운 국면을 맞게 되었다. 대법원이 제기한 의문은 청산가리를 보관한 장소와 기간, 청산가리 전달자의 행적, 16년이나 지난 청산가리가 독극물로서 효능이 있는지 여부 등에 관한 것이었다. 덧붙여서 완전히 밀폐하지 않으면 독성이 날아가는 물질의 성질을 고려할 때, 과연 16년이 지나도 독성이 유지될 수 있는지, 또 청산을 제공한 지인이 청산가리를 최근에 입수했는데도 혹시 처벌이 두려워 허위 진술하지는 않았는지도 심리했어야 한다는 것이었다. 그리고 B씨 부부가 마신 피로회복제 병 안에 청산가리가 들어 있었을 수도 있는데 이를 검사했는지도 분명하지 않다고 덧붙였다.

16년간 보관된 청산가리에 독성이 있을까?
—

1993년부터 2009년까지 사용되지 않고 최소 16년간 유리병에 보관되었던 청산가리에 독성이 있을까? 이에 검정 봉지에 담긴 청산가리 괴(塊) 수십 점을 가지고 독성이 있는지 실험하였다. 이 증거물은 피고인이 2010년 1월 18일 공판 기일에 임의 제출한 것으로 실험 결과 증거물에서 청산염과 나트륨이 검출되어 청산나트륨인 것이 확인되었고, 이에 여전히 물질에서 독성이 유지되고 있다는 것을 증명할 수 있었다. 이어 법정에서는 이 증거물처럼 청산가리가 딱딱한 알밤 모양으로 만들어졌을 경우, 이를 유리병 또는 분유통에 담아 마개를 덮어 보관할 때 얼마나 오랫동안 청산가리의 독성이 유지되는지 문의했다.

속칭 청산가리로 불리는 청산칼륨은 조해성(고체가 대기 속에서 습기를 흡수하여 녹는 성질)이 강해 공기 중에 노출되면 습기(H_2O) 및 이산화탄소(CO_2)와 반응하여, 탄산칼륨(K_2CO_3 또는 $KHCO_3$)과 시안화수소로 변하고, 이때 시안화수소가 휘발하거나 분해되어 독성이 감소한다. 청산나트륨의 경우도 같은 청산염류이므로 동일한 반응을 일으킨다. 이때 그 정도는 습도, 이산화탄소, 산소, 온도, 광선 및 물질의 입자도에 의한 표면적 차에 따라 달라진다. 국과수에서는 이 화학반응이 수분이나 공기가 거의 없는 밀폐된 공간에서는 더 이상 진행되지 않으므로, 외부 공기의 유입이 거의 차단되는 유리병이나 분유통에서는 독성의 감소가 아주 미미할 것으로 판단하였다. 즉 유리병처럼 밀폐된 상태에서 청산가리가 보관될 경우 오랜 기간 독성이 유지될 수 있다는 것이다.

그리고 딱딱한 알밤 모양으로 제조된 청산가리의 경우, 개방된 상태로 보관한다고 해도 주위의 습기와 공기 중 이산화탄소에 의해 표면의 청산염이 일정 수준까지의 반응을 일으킬 경우 표면에 백색 탄산칼륨이나 탄산나트륨이 생성되면서 막이 형성된다. 이렇게 막이 형성되면 더 이상 수분과 공기가 내부와 접촉할 수 없도록 막아주는 역할을 하기 때문에 내부에서는 거의 독성이 변하지 않는다. 따라서 알약 형태인 경우 수분이나 공기 공급이 없었다면 16년 이상의 세월 동안 독성이 유지될 수 있다고 국과수 전문가들은 판단하였다.

또한 중요한 단서가 될 필적 감정도 다시 한 번 보강 검토했다. 이와는 별도로 서울대 법의학교실에 부검 소견에 관한 객관적 의견을 질의하였고, 청산칼륨 보관 장소를 현장 검증하는 등 원점에서부터 세밀하게 법정에서 제기한 질문의 답을 구하였다. 이런 긴 과정을 거친 후 고등법원에서는 원심과 환송 전 항소심에서 채택한 증거, 환송 후 심리 과정에서 제시된 새로운 증거를 비롯해 국과수의 공판 기일에 제출한 증거물에서 청산나트륨 확인과 필적 감정 및 서울대의 사실 조회 결과, 청산칼륨 전달자의 하이패스 카드 거래 내역, 현장 검증 결과 등을 종합한 결과 공소 사실이 충분히 증명되었다는 결론을 내면서, 원심에서 판단한 무기징역은 적정하다고 판결했다.

청산염과 청산가리는 독성이 다른 물질일까?
—

우리나라 국민 대부분은 청산염, 청산칼륨은 잘 몰라도 청산가리는 들어본 적이 있을 것이다. 청산은 색이 없는 액체인 시안화수소를 말하는데 시안화수소는 비점이 25.7℃로 상온에서 쉽게 휘발하며, 특이

한 행인유 냄새가 나는 맹독성 액체다. 청산은 액체 상태라 위험성이 크고 취급이 불편하기 때문에 산업용으로 사용할 경우, 편리하고 보다 안전한 칼륨염이나 나트륨염으로 만들어 사용한다. 이들은 외관으로는 구별이 어려우며, 원래는 무색투명한 결정성 물질이지만 방치하면 표면이 공기와 접촉되어 백색의 탄산염으로 싸인 경우가 많다.

청산은 선박, 창고 등에서 해충이나 쥐를 구제하기 위한 훈증제로 쓰이거나 아크리노니트닐 등 나일론 공업용 원료로 광범위하게 사용되며, 청산칼륨과 청산나트륨 등은 구리, 은 등을 도금할 때나 사진 및 금속 제품 가공업 등에 널리 이용되고 있다. 우리가 흔히 알고 있는 청산가리는 '청산카리'에서 유래된 것인데, 청산카리는 바로 청산칼륨의 속칭이다.

청산염(청산칼륨이나 청산나트륨이 섞여 있는 물질)은 중독량과 치사량이 거의 비슷한데, 청산칼륨의 경구 치사량은 0.15~0.3g이며 청산의 경구 치사량은 0.05g이고, 300ppm의 대기 중에서는 수분 만에, 150ppm에서는 30분~1시간 안에 사망할 정도로 독성이 크다. 이러한 특징 때문에 나치 군사들이 독가스로 사용하였고, 자타살용으로 간첩들이 독물로 소지하기도 한다. 청산칼륨을 음독할 경우, 구강, 위, 십이지장 등의 점막이 부식하고, 위액의 산에 의하여 시안화수소가 유리된다. 그리고 시안화수소는 체내에서 생리학적으로 모든 세포 호흡을 급속히 정지시켜 세포 내 질식을 일으키고 급속히 죽음에 이르게 한다.

청산과 관련된 사망 사건은 연구소가 창립한 때부터 지금까지 끊임없이 의뢰되고 있다. 1970년대 국과수에 의뢰되는 사망 사고의 대부분이 청산과 관련된 것일 정도였다. 청산과 관련된 부검 사례가 많았기 때문에 독극물을 담당하던 연구원들을 청산 검출의 전문가들이었다. 1978년 처음 연구원에 입사했을 당시 독극물을 담당하던 선배 연구원은 놀랍게도 부검 후 의뢰되는 위내용물이 담긴 병의 뚜껑만 열어도 청산의 특이한 냄새를 맡고 청산중독사를 예견했는데, 초보였던 나는 감탄을 연발하며 신기해 했다.

청산과 관련된 사망 사고는 1980년대에는 20~30%로 현격하게 줄었고, 1990년대 이후에는 10%대로 감소했지만, 2010년대에도 부검한 사례 중 1%는 청산에 의한 사망으로 판정되고 있다. 실제로 2005년부터 2010년까지의 자료를 살펴보면 255건의 청산 관련 사망 사례에서 사망한 사람들의 평균 연령이 42세로 아주 젊고, 그 범위도 넓어 6세의 어린이부터 80세에 이르는 노인까지 포함되어 있다. 사망자의 연령대를 보면 40대가 32%, 30대가 20%, 50대가 17%로 중장년층이 주로 청산염, 특히 청산칼륨을 복용하여 사망한다는 사실이 밝혀졌다. 사망자들 97%가 청산을 자살의 목적으로 복용했고, 그중 남성이 79%를 차지했다.

도대체 청산을 어떻게 이토록 쉽게 구할 수 있는 걸까? 맹독성인 청산칼륨을 쉽게 구할 수 있는 나라는 아마 OECD 국가 중 우리나라가 유일할 것이다. 최근에는 자살 사이트에서 만나 동반 자살을 시도하는 사람들이 청산염을 이용하는 사례가 빈번하게 발생하고 있어 청산의 구입을 어렵게 할 방안이 무엇이 있을까 다시 한 번 고민해본다.

현재 내가 회장직을 맡고 있는 국제법독성학회에서는 해마다 전 세계 각국에서 남용되는 약독물에 대한 연구 결과를 발표하는데 선진국에서는 청산에 의한 사망 사건이 거의 없고, 대부분 후진국에서 발생하는 경우가 많아 우리나라의 사망 사고 사례를 발표할 때마다 마음이 늘 불편했다. 우리도 독극물에 대한 관리를 철저히 해서 머지않아 청산이나 농약에 의한 사망 사고 사례가 없다고 발표하는 날이 오기를 기대해본다.

까맣게 타버린 시신의 정체는?

: 항공기 추락 사고 현장

괌 항공기 추락 사고 현장

—

2013년 여름, 미국 샌프란시스코에서 발생한 아시아나 항공기 착륙 사고 소식을 듣자마자 가슴이 쿵 내려앉으며 머릿속이 어지러워졌다. 사고 원인은 어떻게 규명해야 할까? 사망자들의 신원 확인은 또 어떻게 할 것인가? 그 당시 이미 연구원을 떠난 지가 1년이 다 되어가는 마당에 무의식적으로 무엇부터 해야 할지 고민하고 있었던 것이다. 여전히 과학수사에 골몰하는 나를 발견하곤 피식 웃음이 나왔다. 다행히 이번 사고는 착륙 도중 꼬리 부분이 바닥에 충돌한 것이라 폭발은 없었으며 2명의 사망자를 제외하곤 대부분 부상자란 소식을 듣고 한시름 놓았다.

우리나라에서는 항공기 사고가 꽤 많이 발생한 편이다. 1983년 사할린 KAL기 피격 사건에서는 269명이 사망하였고, 1987년 인도양 KAL기 격추 사건으로 115명, 1989년 리비아 KAL기 추락 사고로 72명이 사망하였다. 1990년대에도 66명이 사망한 1993년 해남 아시아나기 추락 사고가 있었고, 228명이 사망한 1997년 괌 KAL기 추락 사고 등 사고가 끊이질 않았다. 다른 재난 사고보다 특히 항공기 사고 소식에 긴장하게 되는 이유는, 일단 사고가 발생하면 한 번에 많은 사망자가 발생하고, 추락 후 폭발과 화재로 인해 신원을 확인하기 어렵기 때문이다. 특히 1990년대 초반까지는 신원을 식별하는 기술력을 제대로 갖추지 못했을뿐더러 사고를 처리하는 과정에서 어느 부서가 책임을 지고 추진할 것인지, 또 어떤 절차를 걸쳐 시신을 확인하며 장례 절차는 어떻게 진행할 것인지 등 여러 사항에 관한 시스템이 전혀 갖춰져 있지 않은 상태라 사망자 신원 확인이 신속하게 수행되지 못했다.

그러나 법의학 및 법치의학적 개인 식별 기법이 정비되고 유전자 감식 기술이 급격하게 발전함에 따라 사고 이후 신원을 확인하는 과정이 좀 더 체계화 되었다. 실제로 1997년 괌에서 발생한 대한항공 추락 사고의 경우, 유전자 분석 기술이 본격적으로 활용됨으로써 신원 식별에서 큰 성과를 거둘 수 있었다. 괌에 파견된 국과수 요원들은 미국 측과 신원 확인을 위해 사용할 표준화된 유전자 분석 방법을 논의한 뒤, 각국이 개별적으로 자국민 시신의 신원을 확인하기로 합의했다. 탑승객 254명 중 228명이 사망했는데 그중 신원이 확인된 경우는 단지 89명뿐이었고, 신원이 확인되지 않은 경우가 한국인만 121명이나 되었다. 시신이 심하게 훼손된 경우에는 유전자 검사 외에도 법의학, 법치의학 검사, 방사선 검사, 유류품 검사, 사진 비교 등까지 동원해 신원을 확인해야 하는데, 그때는 사고 현장을 미국 측에서 통제하면서 사건이 발생한 지 20일이 지나서야 미국으로부터 신원 파악이 안 된 시신에 대한 시료 188건이 국과수에 도착하였다.

유전자분석실에서는 우선 의뢰받은 미확인 시신 시료를 혈흔, 살점, 뼛조각, 치아 조직 등의 분류로 나누어 분석하면서 신원 확인의 기초를 마련하였다. 그리고 팀을 나누어 한 팀에서는 현장 증거물을 분석하고, 다른 팀에서는 탑승자 가족들의 유전자를 확보하는 일을 진행했다. 이러한 경우엔 직계가족을 중심으로 혈액을 채취하는 게 보통인데, 그 당시 추락 사고에서는 비행기 탑승자 대부분이 가족 단위의 여행객들이라 사망자의 유전자를 비교할 직계가족이 없어 시료 확보에 어려움을 겪었다. 그럼에도 불구하고 유가족들의 혈액에서 분리

보이지 않는 진실을
보는 사람들

062

한 유전자를 통해 한 달에 걸쳐 미확인 시신 121구 중 67구의 신원을 확인할 수 있었다. 그 결과는 미국 연구원에서 실험을 통해 얻어낸 사실과 완벽하게 일치했는데, 이는 우리나라 유전자 분석 기술이 미국과 대등함을 증명해주었다.

탑승객의 신원을 밝혀내다

—

이후 우리나라에서도 국과수가 주축이 되어 대량재해를 처리하는 집단사망자 관리단이라는 체계적인 시스템이 갖춰졌고, 그 덕분에 2002년 4월에 발생한 중국 민항기 사고에서는 추락 사고임에도 불구하고 실종자 2명을 제외하고는 탑승자 전원의 신원을 확인해낼 수 있었다. 2002년 4월 15일 11시 45분경 경남 김해시의 돗대산(해발 380m) 8부 능선에 중국 민항기가 추락하는 사고가 발생했다.

탑승객 166명 중 생존자는 38명이었으며 사망 및 실종자가 128명이나 되는 대형사고였다. 사망자 중 한국인은 109명이었고, 중국인이 19명에 이르렀다. 그러나 추락 후 폭발 화재로 이어져 발굴 당시 성별 구별이 가능한 경우는 남녀 각각 14명뿐이었으며 나머지 92명은 성별 구별조차 불가능할 정도로 훼손되어 현장에서의 신원 확인이 어려웠다. 우리나라의 경우 주민등록증 발부 시 지문을 채취하기 때문에 지문만 있어도 신원을 확인할 수 있지만, 이때 사고 현장 대부분의 시신이 심하게 탄화되어 지문 채취가 가능한 건 5건에 불과했다. 워낙 많은 시신이 심하게 훼손되다 보니 경찰청에서 국과수에 신원 확인을 의뢰해왔다.

국과수에서는 신원 확인단을 국과수 요원 외에 조선대학교와 연세대학교의 법치의학 분야 교수 등 전문가로 구성하여 5개조로 나누어 2개조는 부산에, 3개조는 경남 지역의 다른 병원에 안치된 시신과 함께 발견된 물건 등을 검사하기로 했다. 그와 동시에 유전자 검사를 위해 유족의 혈액을 미리 채혈하고 면담과 설문조사를 실시해 사망자의 특징을 파악하며, 다른 한편으로는 사망자의 진료 기록 등의 자료도 확보하기로 했다. 현장에서 연구원들은 지문이나 사진 대조는 물론이고, 타다 남은 의복까지 검사하면서 신원을 확인할 수 있는 조그마한 실마리라도 놓치지 않으려고 애썼다. 방사선 촬영을 통해 성별, 신장, 나이 등 신체적 특징을 확인하고 법치의학 검사를 통해 사망자의 치아 상태도 파악했다.

유족의 채혈은 부모가 생존한 경우는 부모의 혈액을 채취했고, 자녀가 있는 경우는 배우자와 자녀의 혈액을, 부모나 자녀가 없는 경우엔 형제자매 중에서 혈액을 채취하고, 이도 아닐 경우엔 모계로 넘어가 이모, 외삼촌, 외할머니의 혈액을 채취했다. 비록 자료가 방대했지만 유전자 기술이 발전해 유전자 검사로도 사망자 대부분의 신원을 확인할 수 있었다. 123명에 관한 유전자 검사를 실시한 결과, 실종자 2명을 제외하곤 모두 신원을 확인할 수 있었다. 안타깝게도 비행기에 부모와 아들, 딸 내외 등 5명의 대가족이 탑승한 경우도 있었는데, 일단 아들의 치과 기록이 가장 먼저 확보되어 이와 일치하는 시신을 찾았다. 그러곤 아들의 자녀와 아내의 혈액을 통해 얻은 유전자형과 비교해 신원을 확인했다. 딸 내외 또한 그들의 자녀들의 유전자형을 통해 신원을 확인할 수 있었다. 그리고 사망한 아들과 딸, 그리고 생존해 있는 다른 자식들의 유전자를 채취해 마지막으로 부모의 시신을 찾을 수 있었다. 유전자 검사를 통해 3대에 걸친 가족 5명의 신원을 확인할 수 있었던 것이다.

앞선 사례처럼 유전자뿐만 아니라 치과 기록도 대형사고 현장에서 매우 중요하게 활용되는데, 특히 시신의 연령, 성별을 측정하는 데 큰 도움이 된다. 그리고 보철이나 임플란트 같은 정보는 신원을 확인하는 데 결정적인 역할을 했다. 그 당시에는 치과 기록만으로 18구의 시신의 신원을 확인할 수 있었다. 그 밖에 방사선 검사를 통해서도 갑상선 종양이나 수술 흔적이 남아 있는 시신의 신원을 확인할 수 있으며, 손상되지 않은 손목시계 등 소지품이나 의류 상표 등을 통해서 확인이 가능한 경우도 있었다.

그 당시 중국 민항기 추락 사건은 대량재해에 대응하는 우리나라의 시스템이 상당한 수준으로 체계화되어 빈틈없이 정확하게 돌아감을 보여주었다. 신속하게 사망자 관리단이 구성되고, 전국적으로 전문가들이 솔선수범하여 참여하면서 항공기 추락 사고임에도 불구하고 실종자 2명을 제외하고는 탑승자 전원의 신원을 확인할 수 있었으니 말이다. 중국에서도 그 당시 사고 처리에 굉장한 관심을 보였고, 그 이듬해 중국 법의학회에 참가하여 법치의학 기술, 유전자 기술 등을 중심으로 사례를 발표하지 우리나라의 수준을 익히 알고 있었다며 큰 호응을 받기도 했다.

대구 지하철 화재 사건

—

아이러니하지만 대량재해를 많이 겪을수록 재난 관리 체계가 굳건해지게 마련이다. 우리나라는 항공기 사고 이외에도 1993년 부산 구포 열차 전복(78명 사망), 1993년 서해 훼리호 침몰(292명 사망), 1994년 서울 성수대교 붕괴(32명 사망), 1995년 대구 상인동 도시가스 폭발(101명 사망), 서울 삼풍백화점 붕괴(502명 사망), 1999년 화성 청소년수련원 씨랜드 화재(23명 사망), 1999년 인천 호프집 화재(57명 사망), 2003년 대구 지하철 화재(192명 사망), 2008년 이천 냉동창고 화재(40명 사망) 등 수많은 사건 사고를 겪으면서 대량재해 대처 방법이 체계를 갖추게 되었고, 유전자 기술 또한 세계적인 수준으로 발돋움했다.

2003년 발생한 대구 지하철 화재 사건 당시에도 사건이 발생하자마자 화재 원인을 규명하는 화재연구실이 먼저 현장으로 출동했고, 조선대학교, 연세대학교, 대검찰청 등과 연합으로 구성된 집단사망자관리단이 꾸려졌다. 대구 지하철 화재는 1호선 중앙로역에 정차한 전동차에서 방화로 인해 시작된 불길이 반대편 선로에 진입한 전동차로 옮겨 붙으면서 커다란 인명피해를 낳았다. 현장에 도착한 화재연구실은 이제껏 수많은 화재 현장에 출동했지만 이렇게 정도가 심한 경우는 없었다며, 모두 녹아버린 역의 환풍기와 전소되어 뼈대만 남은 객차, 그리고 육안으로는 형체를 구분할 수 없는 시신 등의 처참한 광경에 고개를 내저었다.

일단 현장을 수습해야 했기 때문에 사고 전동차는 월배 기지창으로 이동되었다. 사고가 발생한 시각이 출근 시간대는 지난 때였지만 다수의 시신이 엉켜 있는 상태라 신원 확인이 쉬워 보이지는 않았다. 시신 확인 작업팀은 일단 사망자가 많은 전동차 첫째, 둘째 량에 좀 더 많은 인원을 배치해 발굴 작업을 시작했다. 첫째 량의 경우 차량 전체를 44개 구역으로 나누어 세심하게 발굴 작업을 진행했는데, 엉켜 있는 시신을 분리하고 유류품 등을 채취하는 데 2개 구역에서만 꼬박 9시간이 걸렸다. 이렇게 채취한 부분 시신과 부분 골격을 중심으로 법치의학적 검사, 유전자 검사, 인류학적 검사, 방사선학 검사 등을 실시했고, 별도로 사망 추정자에 관한 치과 기록 등의 자료를 수집해 이를 바탕으로 본격적인 신원 확인 작업에 들어갔다.

지하철 사고는 항공기와 달리 지정된 좌석이 아니었기 때문에 정확한 사망자 파악에 더 어려움을 겪을 수밖에 없었다. 실종자 신고를 받은 결과 실종자 수는 사건이 발생한 지 6일째 541명, 그리고 20일 후에는 619명에 이르렀다. 이 가운데 허위 신고, 이중 신고 등을 제외하고 나니 그 수가 줄어들긴 했지만, 실제 현장에서 관리단이 확인할 수 있는 사망자가 136명 정도에 불과해 안타까움을 주었다. 최종적으로 첫째 량에서 52명, 둘째 량에서 62명, 셋째 량에서 11명, 넷째 량에서 2명, 다섯째 량에서 7명, 그리고 외부 병원에서 7명, 안심기지창 1명 등의 시신이 확인되어 추정미확인 실종자는 142명으로 집계되었다. 다행히 이중 136명은 신원이 확인되었으나 나머지 시신은 유가족이 확인되지 않았거나 훼손 정도가 심해서 아예 검사가 불가능했고 신원을 파악할 수 없었다.

신원을 파악하는 과정에서 피해자들의 가슴 아픈 사연이 연이어 밝혀졌다. 첫째 량에서 서로 완전히 겹쳐져 분리하기 어려운 시신 2구를 발견했는데, 어렵사리 시신을 분리해 확인해보니 두 사람은 부부였다. 마지막 순간까지 서로에게 힘이 되어주고, 서로를 보호하려는 모습이 상상되어 가슴이 아려왔다. 그리고 사람의 뼈마저 모두 집어삼킨 화재 현장에서 놀랍게도 그을린 편지가 발견되었는데, 편지는 "○○씨를 찰앙하는……"이라는 서두로 시작했다. 마지막 순간 간절한 마음으로 사랑하는 사람을 떠올리며 글을 썼을 피해자를 생각하니 그만 눈시울이 뜨거워졌다. 그 밖에 미처 다 타지 않은 여러 물품을 통해 신원을 파악할 수 있었는데, 테니스 라켓, 사물함 열쇠 등으로 같은 테니스 동아리에 속한 학생들을 확인할 수 있었으며, 반지, 안경테, 귀고리, 팔찌, 열쇠, 시계, 심지어 고온을 견뎌낸 책이 주인을 찾는 실마리가 되기도 했다.

그나마 사고 직후 기지창으로 열차를 이동시켜 더 이상의 훼손 없이 사고 순간의 현장을 잘 보존할 수 있었던 것이 조사에 큰 도움이 되었다. 10여 일에 걸친 시신 발굴 작업 후 두 달에 걸쳐 신원 확인 작업을 진행하였고, 최종적인 시신 인도까지는 거의 5개월이 걸렸다. 사건을 마무리할 때까지 50여 명의 연구원이 대구에서 3개월 이상 머물렀는데, 이 때문에 전체 인원 중 3분의 1이 사라져버린 서울 연구원은 한동안 적막했다. 연구원들이 일을 다 마무리하고 서울로 복귀하는 모습을 보는데 자랑스럽고 정말 반가웠다.

사고 현장에서는 앉을 곳이 없어 작업하는 내내 목욕탕용 간이의자를 이용하고, 외지에서 3개월 동안 방을 나눠 쓰며 지내던 연구원들을 떠올리면 사명감 없이는 도저히 해낼 수 없는 일이라는 생각이 든다. 지하철 한 량을 44등분으로 나눠 하루 9시간씩 최대한의 집중력을 발휘해 세심하게 자료를 수집하던 모습은 정말 대단했다. 좁은 공간에서 강한 라이트를 켜고 작업하다 보니 각막에 손상을 입어 병원에 입원하는 직원까지 생겼다. 그러니 그들은 쉬는 시간이 아까운 듯 퇴원하자마자 다시 현장을 찾았다. 그런 그들에게 안쓰러운 마음을 내비쳤더니, 가족을 잃고 슬픔에 찬 유가족들을 생각하면 본인들이 겪는 고초는 아무것도 아니라며 조금이라도 유가족들의 슬픔을 덜어주고 싶었다고 하는데, 그 마음이 매우 감동스러웠다.

세계적으로 인정받은 대량재해 대처 기술
—

대량재해가 발생하면 신원 확인뿐만 아니라 재해 원인 규명 등 그 밖에 여러 목적으로 다양한 기술이 활용된다. 대구 지하철 화재 당시엔, 객차의 바닥과 벽면 천장 등이 심하게 연소되어 정확히 어디에서 불이 시작됐는지 찾기 어려웠다고 한다. 가장 화재가 심한 부분을 중심으로 그곳에서 방화가 일어났을 가능성을 염두에 두고 연소물에서 인화성 물질의 검출을 시도했지만, 검출되지 않아 화재연구실의 고민이 컸다. 전동차 내에 내장재 등의 방염 처리가 되었는지, 왜 불이 급격하게 확대되었는지, 마스콘키master controller key가 제거된 시점 등에 관한 사항들을 화재 현장을 수차례 방문하면서 보고서로 작성했다.

신원 확인, 화재 원인 규명과 더불어 영상분석실에서는 CCTV가 편집이나 조작된 건 아닌지 감정을 진행했고, 음성실에서는 실종자 가족을 찾기 위해 비디오테이프에 녹음된 음성 분석을 실시했으며, 물리·화학과에서는 중앙로 역사에서 수거된 물질의 성분 검사를 실시하였다. 이렇게 대량재해를 여러 분야 간에 협업하면서 처리하는 모습이 세계적으로 알려지면서, 그 당시 대구 지하철 화재 현장을 지휘하던 정 부단장은 아시아태평양 지역의 대량재해에 관한 학회 회장으로 선출되기도 했다.

대량재해에 대처하는 국과수의 명성이 높아지자, 다른 나라에 사건이 발생했을 때 연구원들이 지원을 가는 경우도 늘었다. 2004년 서남아시아 지진해일 참사에서도 자국민을 모두 찾아서 돌아온 나라는 우리나라밖에 없을 정도로 출중한 실력을 보여주었다. 그 후 2011년 뉴질랜드 크라이스트처치에서 지진이 발생했을 때 뉴질랜드 정부는 우리나라 119가 지원 가겠다는 것을 처음에는 말렸다. 그런데 총리가 뉴스 인터뷰를 통해 한국 측의 법과학자들이 와주면 도움이 될 것 같다고 말하는 방송을 접하게 되었다. 다음 날 출근하자마자 뉴질랜드 ESR(뉴질랜드 과학수사 담당 부서가 소속된 국가기관)에 근무하고 있던 제이콥에게 연락했다. 어떤 분야의 전문가가 가면 좋겠느냐고 물었더니 법의학, 법치의학, 유전자 분야의 전문가들이 오면 좋겠다고 공식적으로 밝혀왔고, 이에 급하게 외교부와 연락을 취한 뒤 ESR로부터 초청장을 받아 각 담당 분야 전문가들이 현지를 향해 출국했다. 아침에 도착하자마자 바로 현장으로 간 전문가들은 곧 기쁜 소식을 전해왔다. 법치의학 전문가가 현장에서 시신의 치아 상태를 보고 중국인, 일본인, 한국인을 분류해내어 다른 나라에서 온 전문가들을 깜짝 놀라게 했다는 이야기였다. 어떻게 시신의 치아만 보고 국적을 구별할 수 있느냐는 물음에 중국, 일본, 한국에서 치아를 치료하는 방법이 다르다는 사실에서 힌트를 얻었다고 했다. 또 한 번 우리 과학수사 기술을 세계에 알리는 순간이었다. 이와 더불어 ESR 측에서는 불에 타고 남은 뼛조각에서 유전자를 분리하는 기술에 관한 세미나 요청을 해서, 법의, 유전자 학자들이 대구 지하철 화재 사건을 예로 들며 기술을 공유하는 시간을 갖기도 했다.

뉴질랜드에 전문가들을 파견하는데 2003년 대구 지하철 사건 당시가 생각났다. 대구 지하철 화재 사건이 발생하자마자 뉴질랜드에서 자체 개발한 치과 기록과 유전자 기술을 활용해 신원을 확인할 수 있는 소프트웨어를 우리에게 무상으로 제공하겠다고 제안했다. 뉴질랜드에서 대량재해가 발생하면 사용하기 위해 프로그램을 제작했는데 마침 대구 지하철 사건이 발생했으니 이 프로그램을 써보면 어떻겠느냐는 제안이었다. 집단사망자 관리단에 이 이야기를 했더니 우리 프로그램도 잘 만들어져 있고, 영어로 되어 있기 때문에 자체 프로그램을 사용하겠다고 답해와서 뉴질랜드의 프로그램은 사용하지 못했지만, 어려운 상황이라고 선뜻 도움을 주려는 마음이 고마웠다. 그렇기 때문에 이번 뉴질랜드 지진 참사에 우리가 조금이라도 도움이 되었다고 하니 그 당시 고마웠던 마음을 갚게 된 것 같아 매우 기뻤다. 우리나라 과학수사 기술이 이렇게 높은 수준에 달해, 전 세계와 기술을 공유함으로써 서로에게 도움을 주고 협조하며 세계의 안전에 기여할 수 있다는 것이 참으로 자랑스럽다.

수사는 **과학**이다?
수사는 **창조력**이다!

2장

세계적으로 성장한 과학수사 기술

런던은 셜록 홈스만 유명한 게 아니다

: 영국 법과학 유학기

새롭게 생긴 학문에 대한 열망

—

연구원에 막 입사해 철모르고 일하던 초년병 시절이 지나고 1980년대 마약에 본격적으로 관심을 갖게 되면서 소변을 이용한 마약 검사법을 확립한 다음 매일매일 전국에서 접수되는 마약 남용자들의 소변과 씨름하는 것이 내 삶의 전부가 되고 있었다. 아침마다 부산에서부터 비행기로 전달되는 엄청난 양의 소변을 보면 전날의 피로는 간데없고 의욕이 솟아올랐다. 그렇게 실험에 빠져 지내다 보니 10년에 가까운 세월의 흐름도 느끼지 못할 정도였다.

그런데 1987년 히로뽕의 부작용에 관한 연구를 하다가 불현듯 이대로 있다가는 우물 안 개구리가 되겠다는 절박한 마음이 생기면서 무엇인가 더 배우지 않으면 안 될 것 같았다. 지금의 상황에 한계를 느끼면서 선진국의 체계화된 마약 검출 시스템을 제대로 배워보고 싶다는 생각이 간절해졌다. 그러나 그 당시에는 외국과의 교류가 지금처럼 빈번하지 않아 정보를 얻는 일조차 쉽지 않았고, 공무원 신분으로 자비 유학을 갈 수는 없으니 장학금을 받는 방법을 찾아봐야 했다. 우선 장소부터 정하기로 했다. 미국도 좋지만 과학수사가 처음으로 시작된 영국이 가장 좋을 것 같다고 생각하던 차에 영국 외무성 장학생을 선발한다는 공고가 눈에 띄었다. 바로 이것이라는 생각에 망설임 없이 서둘러 서류를 꾸며 마감 날에 맞춰 겨우 접수했다. 무엇보다 마약이 어떤 과정에서 의존성과 탐닉성이 생기는지, 선진국에서는 어떤 장비를 가지고 마약을 측정하는지 궁금했다. 이를 공부하기에는 어느 학교가 가장 적합한지 알아보기 위해 퇴근 후 영국문화원 도서

실에서 여러 대학 관련 자료를 찾아보았다. 그 와중에 런던대학교의 킹스칼리지가 눈에 들어왔다. 마약에 대한 신경약리학 분야뿐 아니라 도핑 실험실도 있고, 과학수사학과까지 있어 내가 원하는 모든 요소가 갖춰진 완벽한 곳이었다.

원서 접수를 하고 두 달쯤 지난 2월의 어느 날, 영국대사관에 면접을 보러 오라는 연락을 받았다. 잔뜩 긴장하고 떨리는 마음으로 대사관에 갔더니 두 명의 면접관이 기다리고 있었다. 한 사람은 영국대사관의 일등서기관이라고 했고, 또 다른 사람은 영국문화원장이라고 했다. 일단 내 소개를 시작하며 현재 법과학 분야에서 일한다고 했더니 일등서기관이 매우 신기해하며 이것저것 세심하게 물었다. 우리나라에서 법과학 분야가 어느 정도 발전된 상태인지, 왜 영국에서 공부하고 싶은지, 특별히 어떤 공부를 하고 싶은지 등 많은 질문을 했는데 과학수사 분야에 관심이 많은 것 같아 그에게서 좋은 인상을 받았다. 면접을 마치고 대사관 정문을 나오는데 발걸음이 가뿐하고 기분이 상쾌한 것이 예감이 좋았다. 얼마 후 장학금 수혜자로 선정되었다는 연락을 받았다. 얼마나 기쁘던지 하늘을 날 것만 같았다. 그런데 막상 연구소에 이야기를 꺼냈더니 이때까지 해외에 1년씩 유학을 간 전례가 없었다며 굉장히 난처해 했다. 연구소 입장 때문에 유학이 어려울 것 같다고 영국대사관에 연락을 하는데 서운해서 눈물이 찔끔 났다. 그렇지만 아무리 생각해도 그대로 포기하기에는 너무 아쉬워서 그다음 날 연구소의 상사 한 분 한 분을 찾아다니며 영국에서 무엇을 어떻게 배워오겠다고 상세히 설명하며 허락을 구했다. 그랬더니 어렵게 연구소에서 가도 좋다는 허락이 떨어졌다. 기뻐하며 대사관 측에 다시 연

보이지 않는 진실을
보는 사람들

락하자 일등서기관이 나보다 더 기뻐하면서 축하해주었다.

이런 우여곡절 끝에 1990년 9월, 드디어 1년간의 박사 후 과정을 밟기 위해 런던으로 갔다. 1년 동안 마약에 관한 약리 작용과 더불어 영국의 과학수사 시스템을 자세히 살펴볼 기회가 주어졌다. 킹스칼리지에는 과학수사학과가 있어 수업을 청강하며 학문적인 기초를 다져나갔다. 우리나라에는 과학수사를 학부 과정에서 가르치는 곳이 없어 그 내용을 연구원에 입사하고 나서 도제식으로 배웠기 때문에, 이렇게 강의를 들으며 법과학 전반에 관한 이론적 지식을 쌓을 수 있다는 것은 큰 행운이었다. 또 책이나 저널에서만 볼 수 있었던 저명한 사람들이 강사로 와서 강의를 하니 신이 났다.

한 · 영 법과학 교류를 시작하다

—

1991년 귀국하게 되었고 그동안 영국에서 얻은 지식과 관계들을 어떻게 계속 이어갈 수 있을지 가장 먼저 고민하기 시작했다. 그러다 영국문화원 원장을 찾아가 한국과 영국 간 법과학자들의 교류 프로그램을 제안했더니 흔쾌히 동의했다. 영국의 법과학자가 우리나라를 방문할 경우는 국과수 측에서 체재비를 부담하고 항공 요금은 영국문화원에서 지원하며, 한국 법과학자가 영국을 방문할 경우엔 항공 요금은 국과수에서 지불하고, 체재비는 영국문화원에서 지원하는 내용으로 2000년 4월 협약을 맺었다.

드디어 제1차 한 · 영 공동 법과학 심포지엄이 그해 12월에 처음 서울에서 개최되었다. 심포지엄에는 던디대학교의 파운더Derrick J. Pounder 교수, 글래스고대학교의 앤더슨Robert Anderson 교수, 런던 법과학 연구소의 프라이스David Price 박사, 버밍햄 법과학 연구소의 케멘노Adrian Kemmenoe 박사 등 영국 최고의 법과학자들이 참석했다. 2차 교류는 2001년 10월 한국의 법과학자 6명이 영국을 방문하여 영국 법과학 연구소Forensic Science Service, 정부 화학 연구소Laboratory of Government Chemist, 교통 연구소Transport Research Laboratory, 국립 훈련 센터National Training Centre와 글래스고대학교 등을 방문했다. 이듬해엔 영국 최고의 교통사고 조사 기관의 연구원이 한국을 방문해 컴퓨터를 이용한 교통사고 재구성에 관해 강연하는 등 2007년까지 매해 번갈아가며 영국 법과학계와 왕성하게 교류했다. 영국 유학을 계기로 이런 멋진 교류가 시작되어 늘 감사한 마음뿐이다.

길지 않은 시간이었지만 영국 유학 당시의 경험과 그곳에서 만난 사람들은 지금의 내가 있기까지 큰 역할을 했다. 영국 유학 시절을 되돌아보면 무엇보다도 사람들과의 인연이 큰 자산이 되었던 것 같다. 그 당시 영국대사관의 일등서기관이던 모리스Warick Morris 씨는 대사의 지위로 다시 한국을 찾아 소중한 인연이 더욱 깊어질 수 있었다. 그리고 영국에서 만난 위돕Widdop 박사님은 영국에서 공부하던 내내 날 지도해주었고, 내가 한국에 돌아온 후에도 연락을 지속하며 국제법독성학회에서 내가 회장이 될 수 있도록 음으로 양으로 응원해주었다. 박사님의 전폭적인 지지 덕분에 아시아인으로서는 처음으로 국제 학회에서 회장이 될 수 있었다. 위돕 박사님을 내게 소개해준 선샤인Sunshine 박사님도 정말 고마운 인연이다. 선샤인 박사님은 마약, 약독물 분야

보이지 않는 진실을
보는 사람들

078

에서 세계적인 대가로 그가 쓴 책으로 공부하던 차에 꼭 한 번 만나고 싶어 여러 차례 연락을 해보았다. 결국 1982년, 미국 클리블랜드에서 두 달 동안 그의 지도 아래 공부할 기회가 생겼다. 항상 예리한 질문을 던지며 오류를 지적하던 그는 학교에선 냉철한 지도 교수의 모습이었지만, 원래 정이 많아 영국에서 공부할 예정이란 소식을 전하자마자 위돕 박사님을 소개해주기도 했다.

교통사고 현장의 재구성

: 3D 스캐너로 사고를 재현하다

영국과 계속되는 교류

—

제2차 한·영 법과학 심포지엄 당시 법의학, 교통, 약독, 마야 분야의 전문가들로 구성된 우리 방문팀은 영국 법과학 연구소를 비롯해 관련 기관을 방문했는데 그중 교통 연구소에 깊은 인상을 받았다. 교통사고 현장에서 사고의 원인을 조사하는 데 사용하는 최신 장비를 보여줬는데 그 장비는 '3D 스캐너'라고 했다. 우리가 미처 알지 못하는 첨단 분야라 신기했고, 어서 배워가고 싶다는 생각이 간절했다. 교통사고의 원인을 명확히 규명하기 위해 충돌 실험을 진행하는 현장이나, 사람이 교통사고를 당할 때 어떻게 부상을 입게 되는지 마네킹으로 실험하는 모습도 인상적이었다.

그래서 영국에서 돌아오자마자 교통공학실과 상의를 거쳐 영국의 최신 기술을 익혀올 방도를 마련했다. 그 첫 번째 기회는 이 분야에 큰 관심이 있고, 어학 능력까지 갖춘 조 실장에게 주어졌다. 한 달이라는 짧은 여정이었지만 그는 3D 스캐너를 사용해서 현장을 측정하고, 그 데이터를 토대로 사고 현장을 모델링하여 컴퓨터에다 시뮬레이션하는 기술까지 완벽하게 습득해왔다. 영국에 머무를 때 교통사고 현장에 항상 출동팀과 함께 움직여 그곳에서 어떤 장비를 사용하는지, 어떤 방법으로 사고 현장을 조사하는지 등을 꼼꼼히 배운 것이다. 이후 조 실장이 배워온 기술을 토대로 장비를 구입해 국내 상황에 맞게 조정하면서 점점 기술력이 향상되었고, 특히 추락 사고나 대형 교통사고가 발생했을 때 아주 유용하게 쓰고 있다.

눈앞에서 재현된 사고 현장

—

2009년 12월 16일, 경주에서 큰 교통사고가 발생하여 31명의 사상자가 발생했다는 연락을 받았다. 경주경찰서에서 차량의 결함 및 사고 원인 분석을 국과수에 의뢰한 것이다. 특히 이번 사고는 한 마을에서 단체로 온천관광 차 대절한 관광버스가 길 아래 언덕으로 굴러 떨어진 참사로, 운전사를 제외한 승객 전원이 70~80대 노인이었다. 산중의 좁고 굴곡이 심한 왕복 2차로의 가드레일을 들이받고 추락한 버스는 형체를 알아볼 수 없을 정도였는데 사망자도 17명에 달했다.

일단 교통공학과에서 사고 현장을 개략적으로 파악하였고, 현장에 파견할 전문가팀 구성에 대해 논의한 끝에 본소의 교통공학실과 남부 분소의 교통공학실이 합동으로 조사하는 방향으로 가닥이 잡혔다. 그리고 3D 스캐너 활용 기술을 영국에서 배워온 뒤 계속해서 우리 실정에 맞는 적용법을 연구해온 조 실장이 직접 장비를 들고 현장에 가보기로 했다. 날씨도 매서운데다가 산속이라 무거운 3D 스캐너를 가지고 가는 게 만만치 않은 일이었지만, 새로운 장비로 현장 분석을 철저히 해보겠다는 의욕을 보이며 다 함께 출발했다.

사고 현장에 도착한 전문가팀은 경찰과 함께 도로에 난 타이어 흔, 도로 상태 등 현장에서 찾을 수 있는 모든 흔적을 하나하나 꼼꼼하게 수집했다. 그렇게 현장 조사를 마치고 3D 스캐너로 현장을 찍어 사고 상황을 재현하는 작업을 시작했다. 그런데 하필 사고 현장은 굴곡이 심한 길인데다, 그 당시 국과수에서 보유하고 있던 3D 스캐너로는 긴 거리를 찍을 수 없어 그 추운 날씨에 수십 번에 걸쳐 조금씩, 조금씩 현장을 촬영할 수밖에 없었다. 그렇게 수십 차례 나누어 찍은 영상을 연결해 전체 사고 현장을 구축해내자 현장팀은 만족스런 결과에 환호성을 외쳤다. 이제 이 자료를 바탕으로 도로와 타이어 흔, 버스의 진행 방향을 모델링할 차례였다. 여러 번의 시도 끝에 드디어 타이어 흔을 바탕으로 사고 당시 버스의 진행 상황을 재현할 수 있었다. 시뮬레이션을 통해 버스가 내리막길에서 속력을 줄이지 못해 가속도가 붙으면서 가드레일을 받고 추락하는 모습이 그대로 보였다. 이로써 그 당시 버스의 이동 방향이 밝혀졌고, 사고 상황도 파악해 사고 원인을 규명해낼 수 있었다. 사고 현장이 직접 눈앞에서 펼쳐지니 설득력이 더해졌다. 특히 운전자의 시야에서 펼쳐진 사고 현장을 재현하는 영상은 매우 인상적이었다. 교통사고는 보통 사고 현장을 재구성하는 것이 쉽지 않은데, 이렇게 3D 스캐너와 여러 가지 소프트웨어를 활용하여 현장을 재현하면서 원인 규명을 할 수 있게 됐다니, 우리의 기술력이 자랑스러웠다.

교통사고가 발생하면 국과수의 교통사고 전문가들은 경찰의 요청에 따라 원인을 규명하기 위해 현장 조사를 하고, 사고 차량의 상태를 조사한다. 이때 세부적으로 차량의 결함을 집중적으로 찾는 팀과 뺑소니 차량을 담당하는 팀, 사고 당시 차량의 속도나 사고자들의 부상 정도 등의 정보를 바탕으로 사고를 시뮬레이션하는 마디모팀, 교통사고 전반에 대한 자료를 바탕으로 역학 조사를 실시하는 팀으로 나뉜다. 사고의 원인을 밝혀내기 위해 언제 무너질지 모르는 차량 아래로 들어가 결함을 찾고, 사고 현장의 타이어 흔 하나도 놓치지 않으려고 애쓰는 연구원들의 열정 덕분에 마음이 늘 든든했다.

오토바이 운전자는 사망했는데 오토바이는 멀쩡하다

—

2011년 5월 31일 새벽 1시 30분쯤 서울 양화대교 합정동 방면에서 영등포 방향으로 가는 4차선 도로에서 교통사고가 발생했다. 도로에 오토바이 운전자가 쓰러져 있는 것을 발견한 택시가 비상등을 켜고 정차하고 있는 사이, 뒤따라오던 아우디 차량이 쓰러진 사람과 택시를 추돌한 사고였다. 특히 사고를 낸 아우디 차량 운전자가 유명 아이돌 그룹에 속한 가수여서 더 크게 보도되었다. 언론을 비롯해 사람들이 가장 관심을 보인 내용은 아이돌 가수가 오토바이 운전자를 추돌했을 당시 그가 이미 숨져 있었는지 아니면 추돌 때문에 사망했는지였다.

사건 관할인 영등포경찰서에서는 국과수에 사망자의 부검과 함께 사건 당시 아우디 차량이 피해자를 역과했는지 등에 대해 감정을 의뢰하였다. 부검은 사건 발생 다음 날 실시되었는데 부검의와 교통사고 전문가들이 함께 의견을 교환하면서 사망자의 상흔과 의류를 확인했다. 그동안 교통공학실은 현장에 나가 사고 현장에 남은 흔적을 조사하였다. 사고가 난 도로는 시멘트로 만들어진 약 0.78m 높이의 중앙분리대가 설치된 편도 4차선 도로였는데, 다소 경사진 직선 형태였다. 도로의 가로등에 양평동 방향에서부터 죽 일련번호를 붙였더니 7번과 8번 가로등 사이에서 사고가 발생했다. 8번 가로등에서 남쪽으로 약 5m 떨어진 지점에서 피해자의 혈흔이 발견되었다. 바로 그가 최초로 쓰러진 지점일 테였다. 혈흔은 그곳에서부터 34m 떨어진 지점까지 이어지고 있었다. 그다음은 피해자의 오토바이의 이동 경로를 파악할 차례였다.

그런데 현장에 있던 박 실장이 특이한 점을 발견했다. 피해자의 오토바이는 이상하게도 그가 쓰러져 있던 곳에서 남쪽으로 약 9m 떨어진 중앙분리대 벽면에 기대어 꼿꼿이 서 있었다. 8번 가로등에서는 42.7m나 떨어진 지점이었다. 오토바이는 전조등과 후미등 모두 켜져 있었고 왼쪽 손잡이 측면과 하단에 회색 계통 물질이 묻어 있는 것을 제외하고는 별다른 충격이나 충돌 흔적이 발견되지 않아 교통사고를 당한 오토바이라고는 상상하기 힘들었다. 오토바이 운전자는 사망했는데 오토바이가 멀쩡하게 똑바로 서 있는 게 이해가 되지 않았다. 어떻게 이런 일이 가능할까? 고민에 빠진 담당 연구원들이 다시 사고 현장을 찾았다. 세심하게 중앙분리대 벽면을 살펴보면서 북쪽에서부터 가로등을 검사하기 시작했다. 가로등과 가로등 사이는 30m 정도였는데, 8번 가로등에서부터 약 6m 떨어진 분리대의 0.2~0.3m 정도 높이에 흑색 계통의 물질이 묻어 있는 것이 눈에 띄었다. 좀 더 가까이 가서 살펴보니 분명 사건의 실마리를 풀어줄 만한 것이었다. 그러고 나서 8번 가로등까지 걸어갔는데, 가로등 기둥 앞면에 혈흔으로 보이는 물질이 묻어 있었다. 혹시 피해자가 부딪혀 묻은 혈흔이 아닐까? 가로등 하단에는 무색투명한 물질도 묻어 있었다. 지금까지 찾은 이 세 가지 물질이 분명 이번 사건을 풀어줄 열쇠임이 확실했다.

먼저 분리대에 묻은 흑색 계통의 물질부터 무엇인지 알아보기로 했다. 흑색이 어디에서 묻어난 것인가 고민하던 차에 오토바이 왼쪽 손잡이 부위의 회색 물질에 생각이 닿았고, 흑색 계통의 물질과 분명 관계가 있을 거라는 기대감에 차서 적외선 분광광도계로 두 물질을 확인해보았다. 예상대로 오토바이의 좌측손잡이 바깥에 묻은 회색 물질은 중앙분리대에 칠해진 페인트와 성분이 같았고, 분리대에 남은 흑색 물질은 오토바이 왼쪽 손잡이에서 묻어난 것임을 알 수 있었다. 오토바이의 왼쪽 손잡이 부분이 중앙분리대와 마찰하며 지나갔다는 설명이 가능해진 것이다. 다음은 8번 가로등에 묻은 혈흔과 무색투명한 물질을 확인할 차례였다. 유전자센터 분석 결과 혈흔은 피해자의 유전자와 일치했다. 그럼 피해자가 8번 가로등에 부딪힌 것인가 추론하며 무색투명 물질의 출처를 찾아보기로 했다. 우선 헬멧부터 비교하려고 살펴보니 헬멧 자체에는 그런 물질이 없었고, 경찰이 강바닥에서 수거해준 헬멧에 달려 있던 회색의 플라스틱 벤트 커버를 보는 순간 힌트를 얻었다. 예상대로 플라스틱 벤트 커버와 가로등 하단에 묻어 있던 무색투명 물질은 같은 성분이었다. 그럼 헬멧도 가로등에 부딪혔다는 의미다. 다시 헬멧을 자세히 살펴보니 앞부분이 강한 충격에 의해 파손된 상태였고, 내피에 살점 같은 것이 있었다. 이걸 유전자센터에 의뢰해보았더니 피해자의 유전자가 검출되었다. 헬멧에 남은 충격흔의 정황을 밝히기 위해 3D 스캐너로 가로등 모서리 부분과 헬멧을 찍어 재구성해보았다. 그 결과 헬멧이 돌출된 어떤 물체에 부딪힌 것을 확신할 수 있었는데, 그럼 그 물체가 무엇일까? 8번 가로등에 돌출 부분이 있던 게 떠올라 3D 스캐너로 중첩해보았더니 헬멧의 충격흔과 일치했다. 상황을 정리해보면 오토바이를 탄 피해자가 왼쪽 손잡이를 분리대에 계속 끌면서 진행해 결국 8번 가로등과 부딪힌 것이다.

　피해자는 8번 가로등에 부딪히면서 오토바이 핸들을 놓치고 오른편으로 이탈한 것으로 보이는데, 오토바이는 어떻게 그대로 달려갔을까? 오토바이는 원래 일단 쓰러지면 시동 장치에서 공급되는 전원이 차단돼 오토바이의 램프가 꺼지는데, 오토바이가 발견될 당시 램프가 켜져 있었으니 오토바이는 어느 쪽으로도 넘어지지 않은 게 확실했다. 상황을 종합해보니 피해자가 도로에 떨어졌을 당시 오토바이는 넘어지지 않고 최초 충격 지점으로부터 정지된 위치까지 곧장 나아간 것으로 판단되었다. 피해자가 오토바이를 타고 가다 8번 가로등의 기둥에 부딪히면서 오토바이에서 떨어져 헬멧이 벗겨졌고, 오토바이는 달리던 속도 그대로 달리다 중앙분리대에 기대어 멈춘 것이다.

국과수에서 일하려면 창의력과 함께 무엇보다 근성이 필요한 것 같다. 매번 교통사고 현장에 나가 원인을 밝히려고 집요하게 증거물과 씨름하는 국과수 요원들을 보면 늘 감탄한다. 이번 사건에서도 오토바이가 사고 현장에서 벗어나 세워져 있던 상황을 밝혀내기 위해 양화대교 가로등을 처음부터 하나하나 꼼꼼히 살피면서 실마리를 찾는 모습에서 호기심 가득한 과학자의 근성이 그대로 느껴졌다.

머리카락 한 올로
마약 사범을 잡는다

: 마약 검출법 개발

전 세계 각양각색의 마약들

—

연예계에서 일어나는 마약 복용 사건은 철마다 돌아오는 사건처럼 잊을 만하면 불거져 나오곤 한다. 1975년 록계의 대부인 A씨가 구속된 것을 비롯하여 1970년대 한국 포크록의 대표주자들이 줄줄이 대마초 사건에 연루되었는가 하면, 이후에도 많은 가수와 개그맨 등이 대마초 흡연 혐의로 사회적 물의를 일으켰다. 그중 사람들의 주목을 가장 많이 받은 마약 관련 사건은 아무래도 2001년 11월에 수원 지검 강력부로부터 의뢰받은 배우 B씨 사건이지 싶다. 그 당시 워낙 인기가 높았고 극 중 순수한 이미지가 강해서 그녀가 마약을 복용했다는 사실에 많은 이가 놀라워했다. 이 사건의 경우 B씨의 모발로 마약 복용 여부를 검사했는데, 머리가 긴 편이라 모근을 중심으로 10cm만 잘라 실험했다. 일반적으로 머리가 한 달에 약 1cm씩 자라기 때문에 1년의 시간에 해당하는 10cm에서 약물 복용 여부를 판정하려는 것이었다. 워낙 유명 연예인이어서 실험 결과에 많은 사람이 촉각을 세웠고, 언론에서도 큰 관심을 보이며 결과를 물어왔다. 문의 전화가 폭주해 실험 자체보다 오히려 온갖 매체로부터의 문의 전화에 응대하는 것이 정말 어려웠다. 실험 결과 B씨의 모발에서 히로뽕 성분인 메스암페타민과 대사체인 암페타민이 검출되어 마약 복용 사실을 증명할 수 있었다.

연예인 마약 관련 사건으로는 유명 록밴드의 멤버 가수 C씨 또한 빼놓을 수 없다. 그는 대마초 흡연에 이어 히로뽕 상습 투약 혐의를 받아 1997년 5월 그의 소변과 모발이 국과수에 의뢰되었다. 소변에서는 히로뽕 성분이 검출되지 않았지만, 모발에서 히로뽕 성분인 메스암페타민과 대사체인 암페타민이 검출되었다. 그는 이후에도 마약을 끊지 못했고, 2007년에는 22개 병원과 의원을 돌아다니며 마약 성분이 있는 진통제를 처방받는 등 다양한 약물을 복용한 혐의로 국과수와의 질긴 인연을 이어왔다.

히로뽕 투약이 연예인들에게만 국한되지 않고 일반인들 사이에 퍼지면서 점차 그 부작용으로 인한 사건 사고가 발생하기 시작했다. 히로뽕에 중독된 30대 가장이 마약에 취해 일가족을 몰살한 사건을 비롯하여, 1987년 부곡의 어떤 호텔에서는 히로뽕으로 인해 환각 상태에 빠진 피의자가 인질극을 벌이며 경찰과 대치한 사건도 있었다. 그는 피해망상증을 보이며 오히려 본인이 인질로부터 위협을 받고 있다고 소란을 일으켰다. 그 이듬해 대구에서는 히로뽕을 상습 투여하던 사람이 환각 상태에서 칼을 들고 주택에 난입해 주인집 딸을 인질로 잡고 소란을 피운 사건이 발생했고, 부산에서는 히로뽕을 복용한 택시기사가 환각 상태에서 애인을 붙잡고 인질극을 벌이다가 스스로 목숨을 끊기도 했다. 또한 단란한 가정을 꾸려가던 남편이 피로를 풀어준다는 친구의 권유에 히로뽕 주사를 맞기 시작한 후 아내까지 히로뽕을 맞게 하여 끝내 마약의 노예가 되어버린 사연이 보도되기도 했다. 사람들이 히로뽕처럼 습관성이 큰 약물을 지속적으로 복용하게 되면 중독으로 인해 피해망상 같은 정신병을 일으키는 사례가 늘어나 결국엔 커다란 사회적 문제로 이어질 수 있다.

그런데 남용되는 마약의 종류는 마약 원산지와의 접근성, 마약 복용의 역사 등에 따라 나라마다 다른데, 우리나라를 비롯한 일본 등 아시아 지역에서는 필로폰 또는 히로뽕이라고 불리는 마약이 주로 남용되는 반면에 유럽, 미국, 호주 등은 헤로인, 코카인이라는 마약이 주로 남용되고 있다. 특히 히로뽕의 경우 각성 효과가 비슷하고 화학적인 구조까지 유사한 약물이 여러 개가 있는데, 우리나라 등 아시아 지역에서는 히로뽕이 주로 유통되는 반면 히로뽕의 형제쯤 되는 암페타민은 호주, 유럽 지역에서 많이 남용되고 있다. 이들 약물은 구조뿐만 아니라 작용도 비슷하여 졸음을 없애주고 피로감을 덜어주는 효과가 있어 제2차 세계대전 당시 전차나 전투기 운전자들이 지속적으로 출격하기 위해 복용하기도 했다.

그 밖에 1990년대 후반 등장한 히로뽕의 사촌뻘 약물인 엑스타시라고 불리는 MDMA는 네덜란드를 중심으로 제조되어 유럽에서 주로 남용되고 있다. 엑스타시의 경우 우리나라에서는 이를 복용하면 낙원에 있는 것처럼 느껴진다고 해서 '파라다이스'라는 이름으로 캄보디아에서 유입되었다. 이 약물을 먹으면 머리가 좌우로 왔다 갔다 한다고 해서 도리도리라는 명칭으로 더 유명한 마약이었다. 엑스타시는 다른 마약에 비해 값이 싸고, 모양이 일반약처럼 생겨 마약이라는 느낌을 주지 않을 뿐 아니라 약물을 복용하면 지치지 않고 춤을 출 수 있다고 하여 파티장에서 젊은 사람들 사이에서 선풍적으로 남용되었다. 유럽의 레이브파티, 우리나라 홍대 주변의 테크노 바 등에서 거래되면서 전 세계적으로 이 약물의 사용이 급증했다. 하지만 이 약물을 복용하고 밤새 춤을 추던 젊은이들이 탈수 증상을 보이며 사망하는 일이 발생했고, 심장마비로 사망하는 사건이 생기자 이 약물에 관한 연구가 미국을 중심으로 진행되었다. 연구 결과 장기간 복용할 경우 부작용으로 기억상실을 일으킬 수도 있다는 것이 알려지면서 전 세계적으로 규제 대상에 올랐다.

히로뽕과 관련된 또 다른 유명한 마약으로는 태국에서 유행했던 '야바'가 있다. 야바는 말의 약이라는 뜻으로 이 약을 먹으면 말처럼 힘이 난다고 하여 태국뿐 아니라 아시아 전역에서 남용되었는데, 히로뽕 성분과 더불어 카페인 등이 혼합되어 각성 효과가 증대된 것이었다. 태국에서는 장거리를 운전하는 기사들이 주로 복용하였다고 하는데 세계적인 헤로인 거래 조직의 우두머리인 쿤사가 머물던 황금의 삼각지대(골든 트라이앵글)에서 만들어져 태국 등을 통해 유럽 쪽으로 전파되었는데 생산지에서는 한 정에 10센트 정도인 것이 우리나라에 유입되면 3만 원에 이를 정도로 그 가격이 급증했다. 이 약물은 빨간색, 녹색 등 원색인 것이 특징이며, 잘 부서져 엑스타시와는 다른 모습을 보인다.

마약류를 단속하고 확인하는 데 가장 어려운 점은 마약을 불법 제조하는 사람들이 기존 마약 성분의 화학구조를 바꿔가며 새로운 형태의 마약을 끊임없이 만들어 유통시킨다는 점이다. 새로운 약물일 경우 해당 약물에 법적인 규제가 시행되기 전까지는 아무리 남용해도 처벌할 수 없다는 점을 이용하는 것이다. 그리고 사법 기관과 보건 당국의 공조로 해당 약물에 규제가 시행되면, 그들은 또 화학적 구조를 약간 바꾸어 다른 약물로 만들어 유통시키기 때문에 보건 당국과 쫓고 쫓기는 행보를 계속해나간다. 이러한 방식으로 구조만 바꾸어 만들어지는 약물을 '디자이너 약물Designer Drug'이라고 하는데 워낙 다양한 방식으로 빠른 시간 안에 변화하기 때문에 검출하기가 정말 어렵다.

이런 신종 마약은 인터넷을 통해 유통되기 때문에 손쉽게 국내에 유입되고, 전 세계적으로 확산되는 속도가 매우 빨라 정보를 알아내는 것이 무엇보다도 중요하다. 이와 같이 마약 남용은 국내에만 국한된 문제가 아니고 전 세계적으로 남용되기 때문에 국제적인 협력을 통해 전 세계가 함께 고민해야 문제를 해결할 수 있다.

소변과의 힘겨운 씨름
—

연구원에 입사한 후, 백색 분말에 관한 확인 실험을 시작으로 마약 검사 체계를 갖춰가는 일을 담당해오면서 오랜 시간을 마약과 함께했다. 1980년 초반까지만 해도 백색 분말이 들어오면 이것이 히로뽕인지 아닌지를 판단하는 것이 가장 큰 업무였다. 1981년 어느 날, 증거물이 의뢰되었는데 아주 잘 만든 히로뽕처럼 얼음과 같은 결정성을 가진 물질이었다. 외관만 보아서는 틀림없이 히로뽕이라 가뿐한 마음으로 실험을 시작했다. 그런데 실험을 하다 보니 이 물질이 히로뽕과 같은 유기화합물이 아닌 무기물임을 알게 되었다. 이 물질을 가지고 계통 분석을 해보았더니 알루미늄, 칼륨, 황산염 등이 검출되어 백반으로 밝혀졌다. 백반이라면 봉숭아물을 들일 때 사용하는 게 보통인데, 백반을 부숴놓으니 외관으로는 히로뽕과 구별할 수 없어 착각했던 것이다.

이렇게 주로 의뢰되던 분말 마약에 대해 확인 실험을 해오던 중에, 세계적으로 저명한 미국 클리블랜드 법의관 사무실 소속의 선샤인 박사의 독물실을 연수 차 방문할 기회가 생겼다. 워낙 유명한 연구자라 무엇을 배울지 가슴이 설렐 정도였다. 실험실에 도착하자마자 소변을 가지고 여러 종류의 마약 검사를 진행하는 현장에 투입이 되었다. 그 당시 우리나라에서는 아직 마약 남용이 크게 문제되지 않고 있어서 생체시료에 대한 마약 검사는 의뢰되지 않았지만, 앞으로 우리에게도 소변 등이 의뢰될 수 있겠다는 생각이 들어 큰 관심을 갖고 마약 검출 연수를 받았다. 귀국하자마자 우리도 하루빨리 소변 중 히로뽕 검출 시스템을 제대로 갖춰야 한다고 상부에 보고했고, 이 제안에 전적으로 동의한 상부의 지원에 힘입어 본격적인 실험을 진행하기 시작했다.

먼저 실험동물에 마약을 투여하고 소변을 채취해 실험해보았다. 흰쥐 10마리에 약물을 투여하고 각 대사 케이지에 넣은 다음 3시간, 9시간, 12시간, 24시간, 36시간, 48시간, 60시간, 72시간 간격으로 소변을 채취했다. 실험 대상인 동물의 수가 10마리이고, 일정 시간별로 소변을 채취하니 그 수가 80종에 이르렀다. 배설 속도나 소변의 구성 등 실험동물과 사람 간의 차이가 있긴 하지만, 최대한 비슷한 조건에 맞추어 실험할 수 있도록 준비했다. 수많은 증거물을 갖고 씨름하면서도 피곤한 줄 모르고 실험했던 것 같다. 밤낮없이 실험하는 동안 하루하루가 정말 빨리 흘러갔다.

이즈음 사람의 소변을 갖고 예비 실험을 해볼 수 있게 미국에서 실험 장비가 들어왔다. 이 장비는 마약 성분과 유사한 물질이 감지될 경우 양성 반응하는 면역분석기로, 소변을 가지고 매우 요긴하게 사용할 수 있었다. 우리나라보다 빨리 마약 연구를 시작한 일본의 사례들도 살펴보면서, 일본 마약 분야에서 큰 명성을 얻고 있던 일본 과학경찰연구소 소속의 이노우에 박사에게도 도움을 청했다. 그는 매우 친절하게 실험법을 일러주었고, 여러 의문점에 해답도 제시해주었다. 그때의 인연으로 지금은 아주 막역한 사이가 되었다.

새로운 실험 방법을 개발하고 있던 도중 김치를 먹고 소변 검사를 하면 히로뽕 양성 반응을 보인다는 소문이 일본에서 돈다는 소식을 접했다. 그 소문대로라면 우리 국민은 모두 소변에서 양성 반응을 보일 수밖에 없는 것인데, 마약 복용자들이 이를 알고 김치를 먹었다고 우기면 어쩌나 걱정되었다. 어찌 된 일인지 알아보기 위해 일본의 이노우에 박사에게 연락했더니, 실제로 1984년 일본의 유명 대학 교수가 김치를 먹으면 체내에서 각성제(히로뽕)가 합성된다는 내용을 신문에 발표한 적이 있다고 했다. 이에 이노우에 박사 팀에서 직접 문제의 김치를 비롯해 시판되고 있는 열 종류의 김치를 구입해 건강한 성인 3명에게 밥과 함께 섭취시킨 뒤 24시간 후 채뇨해서 실험을 진행했다고 한다. 예상대로 어떤 소변에서도 히로뽕은 검출되지 않았다. 이노우에 박사 이야기로는 실험 결과를 신문에 발표했던 교수가 사용한 김치는 특정 시기에 만들어진 특정 브랜드의 김치였고, 소변 중에서 검출된 히로뽕의 양도 소변 100㎖당 0.1㎍ 정도에 불과해 일반적인 약물 검사법에서는 양성으로 판정하기 어렵다고 했다. 결국 김치를 먹으면 히로뽕이 검출된다고 하여 나를 놀랜 그 교수의 발표 내용은 신뢰성이 떨어져 해프닝으로 끝났다.

그러던 중, 1985년 이태원에서 히로뽕을 복용한 사람들이 발각되었다며 실험해줄 수 있겠느냐고 용산경찰서로부터 연락이 왔다. 우리나라 최초로 히로뽕 복용이 의심되는 사람들에게서 채취한 소변 13건이 의뢰되었다. 미리 확립해둔 실험법을 드디어 실전에 응용할 수 있다 니 가슴이 두근거렸다. 우선 면역분석법을 통한 예비 실험을 실시했 다. 양성이 나왔지만 정밀 실험을 위해 소변에서 히로뽕 성분을 분리 하고, 분자량을 측정할 수 있는 가스크로마토그래프-질량분석법을 통 해 분자량까지 측정해가면서 양성 판정을 얻어냈다. 소변으로 히로뽕 복용 여부를 판정했다는 소문이 퍼지면서 부산에서 엄청난 양의 소변 이 의뢰되었다. 부산에 히로뽕을 밀제조하는 곳이 모여 있었고, 일본 에 수출을 못하게 되자 히로뽕이 내수 시장으로 반입되면서 부산은 다 른 지역에 비해 마약 사건이 많이 발생하고 있었기 때문이다. 히로뽕 남용자가 많아지자 수사관들은 밤새 수사를 하고 나서 새벽에 비행기 를 타고 남용자의 소변을 직접 들고 와서 의뢰할 정도였다. 출근과 동 시에 증거물을 받고, 종일 실험을 해서 결과를 통보하면 그다음 날 또 비행기를 타고 온 증거물이 기다리고 있고, 이러한 과정을 반복하며 정말 바쁘게 소변과 씨름하며 몇 년을 지냈다. 그 후 부산뿐만 아니라 마산을 비롯해 전국적으로 히로뽕 검출 여부 의뢰가 들어오면서, 우 리나라에 마약 남용 문제가 점점 심각해지고 있음을 절감했다. 1980 년대 후반부터 부산과 서울의 유흥가를 중심으로 히로뽕을 복용하는 사람이 늘었는데 1986년 301건, 1987년 415건이던 것이 1988년이 되 면서 2,438건으로 급증하였다. 요즘에도 우리나라 마약사범 중 70% 이상은 히로뽕이 차지할 정도로 우리나라에서 가장 많이 남용되고 있다.

머리카락 속에 모든 것이 있다!

—

소변을 증거 자료로 히로뽕 복용 여부를 판단하는 데는 한계가 있었다. 마약을 복용하면 약물이 간에서 대사 과정을 거쳐 일부가 대사체로 변해 복용 약 30분 후부터 소변으로 배설되기 시작하는데, 복용하고 나흘 정도 지나면 이미 90% 정도가 소변으로 배설된다. 따라서 일정 기간이 지나면 마약을 복용했다고 하더라도 이미 다 배설되어 복용 여부를 증명하기 쉽지 않다. 이에 요즘은 소변 실험과 함께 모발 실험을 동시에 실시해 두 결과를 함께 증거물로 사용하고 있다.

사실 모발을 과학수사 분야에서 이용하기 시작한 지는 꽤 오래되었다. 모발은 생체에서 배출되는 물질을 축적하기 때문에 과학수사의 여러 분야에서 중요한 시료로 쓰이고 있다. 모발의 유전자 분석으로 사망자의 인종이나 성별을 알아낼 수도 있고, 개인을 식별하는 데에도 유용하게 쓰여 범죄 현장에서 채취한 모발을 분석해 범인을 추적하기도 한다. 요즘엔 분석 기술이 발달해 모발을 가지고 모발의 주인이 채식주의자인지 육식주의자인지까지 알아낼 수 있다. 이런 기술로 나폴레옹의 죽음이 비소와 관련되었다는 의혹을 증명하기 위해 나폴레옹의 모발에서 비소 검출을 시도했다는 기록도 있다.

그런데 모발을 가지고 마약을 검출하기까지는 많은 노력이 필요했고 결코 쉽지 않았다. 모발 중에서 마약을 검출할 수 있는 이론적인 배경은 마약을 복용하면 모근을 통해 약물이 머리카락에 침착되어 모발에 남아 있게 된다는 것이다. 약 2~5일이 지나 모근에 침착된 마약은 이후부터 머리가 자라는 속도에 따라 이동하며 남아 있게 된다.

한국인의 경우 평균적으로 모발이 한 달에 약 1cm가량 자란다는 것을 고려할 때, 만약 3개월 전에 마약을 복용했다면 모근으로부터 3cm에 해당하는 위치에 마약 성분이 남아 있게 된다. 이런 원리를 이용하여 모발의 어느 위치에서 마약 성분이 검출되었는지에 따라 그 복용 시기를 추정해볼 수 있다.

이렇게 이론적으로는 간단해 보일지 몰라도 실제로 각질화된 모발에서 마약 성분을 검출하는 방법을 확립하는 데에는 많은 시간과 노력이 필요했다. 마약을 복용한 뒤 장시간이 흘러 소변에서 마약이 검출되지 않을 경우 어떻게 복용 여부를 증명할 수 있을까 고민하던 중, 마약 검출에 골몰하고 있던 최 박사가 미국에서 코카인 등의 마약을 검사할 때 모발 검사를 실시한다는 사실을 알아냈다. 그는 직접 미국을 방문해 모발에서 마약을 검출하는 방법을 배워오겠다고 하여, 마약 검출의 최고 전문가라 할 수 있는 미국 약물남용연구소의 콘 박사의 도움을 받게 되었다. 최 박사는 콘 박사 연구소에 3개월에 걸쳐 머물면서 주말도 반납하고 모발 중 마약 검출법 연수를 받고 돌아왔다. 미국에서 그가 익혀온 기술을 바탕으로 드디어 1993년 우리나라 실정에 맞는 실험법을 직접 감정에 활용할 수 있게 되었다.

모발에서 검출할 수 있는 마약의 양은 1ng 정도에 불과해 이를 분석하기 위해서는 가스크로마토그래프-질량분석기를 이용해야 했는데, 고가의 장비를 가지고 극미량을 측정하는 기술력을 갖추는 과정이 결코 쉽지만은 않았다. 연수를 받고 온 최 박사의 헌신적인 노력으로 모발에서 히로뽕 검출이 가능하였다. 지금 생각해도 흰쥐에 히로뽕을 투여하고, 털이 자라기를 기다려 털을 깎고 털에서 히로뽕이 검출되는지를 실험하던 시간이 뇌리에 깊이 남아 있다. 모발 중 히로뽕 검출법은 2000년대에 들어서면서 마약 수사의 큰 축이 되어 연 3,000건 이상의 모발 검사를 실시할 정도로 보편화되었다. 미국에서 기술을 배워온 모발 마약 검출법은 자랑스럽게도 이제 우리가 싱가포르 등 동남아 국가들에 기술을 전수하게 되었는데 특히 이 실험을 가능하게 한 최 박사의 공이 컸다. 그 밖에 한 박사와 이 박사도 모발 마약 검출법이 한 단계 더 올라설 수 있게 큰 역할을 했다. 한 박사는 모발에서 뿐 아니라 우리 몸의 체모에서도 마약 검출법을 시도하여 마약 사범들이 삭발했을 때에도 약물 검출을 시도할 수 있도록 해주었고, 이 박사의 경우는 증거물로 들어온 약물 복용자의 모발을 활용하여 표준품을 만들었다. 이렇게 꾸준히 노력하는 연구원들 덕분에 국과수가 마약 검출 분야에서 세계적인 수준으로 올라서게 되었다.

몸으로 마약을 밀수하다

: 코카인 바디패커 사건

마약을 위장에 넣고 비행기에 탄 남자

—

"스튜어디스, 여기 좀 와주세요!" 미국 로스앤젤레스를 떠나 인천공항으로 향하던 대한항공 KE018편 기내에서 한 승객이 승무원을 다급하게 불렀다. 옆 좌석의 외국인 남성이 갑자기 구토하더니 발작을 일으키며 쓰러진 것이다. 당시 이 비행기에 탔던 서울 H병원 의사 우모 씨가 인공호흡을 시도했으나 외국인은 심한 발작 증세를 보이다가 결국 숨졌다. 남자는 콜라주 휴고란 이름의 페루인이었다. 그는 페루에서 출발해 로스앤젤레스와 인천을 경유해서 홍콩으로 갈 예정이었다.

사건 발생 당시 휴고가 혹시 사스(SARS, 중증 급성 호흡기 증후군) 감염 증상을 보이는 게 아닌가 우려했지만, 인천 중부경찰서는 사인 조사를 위해 부검하던 중 휴고의 위에서 다량의 코카인을 발견했다고 밝혔다. 경찰은 휴고의 목적지가 홍콩인 점으로 미뤄볼 때, 국제 마약 조직과 연계해 마약을 홍콩으로 밀반입하려 한 것으로 보고 인터폴과 공조 수사를 벌일 계획이라고 밝혔다.

그 당시 비행기에 탔던 승무원은 처음엔 휴고가 승무원들과 농담을 주고받는 등 별다른 이상을 보이지 않다가 갑자기 어지럽고 목이 마르다고 호소하면서 화장실을 자주 찾는 등 이상 행동을 보였다며, 혹시 사스 때문에 숨진 건 아닌지 잔뜩 긴장했다고 말했다. 휴고는 비행기에 탑승할 때에는 정상이었지만 급작스럽게 고온, 현기증, 복부 통증, 혼란 등의 증상을 호소하다가 사망했는데 이때가 페루 리마에서 출발한 지 21시간이 지난 때였다. 인천공항에 도착한 후 변사자는 국과수에 부검이 의뢰되어 2003년 4월 10일 부검을 실시했다.

위에서 나온 115개의 마약 덩어리

—

4월 10일 출근하자마자 부검실에서 연락이 왔다. 아주 특이한 사례가 있으니 어서 부검실로 오면 좋겠다는 연락이었다. 부랴부랴 부검실로 갔더니 우리나라 사람에 비해 아주 덩치가 큰 사람이 부검대에 누워 있었다. 몸집뿐만 아니라 피부색도 우리나라 사람과는 달라 외국인임을 바로 알 수 있었다. 부검을 진행하던 부검의가 개복했더니 장에서 손가락 한두 마디만 한 덩어리가 계속 나오고 있다며 마약 같다고 했다. 덩어리를 꺼내 자세히 살펴보니 덩어리를 묶었던 부위에 진한 빛깔의 액체가 묻어 있고, 그 부위가 약간 칼집이 난 것처럼 열려 있었다. 부검의가 그 부위를 중심으로 조심해서 칼로 자르니 검정 비닐봉지가 나왔고, 봉지 안에 투명한 비닐을 가르니 그 안에는 백색 물질이 들어 있었다. 순간 그 물질이 마약임을 직감적으로 알 수 있었다. 분명 값이 비싸고 밀수가 어려운 헤로인이나 코카인 종류일 것 같았지만, 딱딱하게 굳어 외관만으로는 그 종류를 파악하기가 어려웠다.

곧바로 그 물질을 마약분석실로 가지고 가서 실험했다. 워낙 양이 많고 순도가 높아 쉽게 알아낼 수 있었는데 예상한 대로 전 세계적으로 가장 고가로 팔리고 있는 코카인 성분이 검출되었다. 우리나라에는 코카인 관련 사건이 거의 없었기 때문에 이렇게 많은 양의 코카인을 보니 신기했다. 사체를 부검한 결과 놀랍게도 소장에서 45개, 대장에서 70개로 총 115개의 백색 분말 덩어리가 발견되었으며, 각 2~3cm 너비에 두께는 1.5cm 정도로 크기가 모두 일정하지는 않았지만 큰 차이는 없었다. 이들 115개의 봉인 상태를 파악하기 위해 외표를

보이지 않는 진실을
보는 사람들

102

살펴보았더니 그중에 3개가 파손되어 있었다. 아마 강력한 소화 작용을 하는 위산이 위장 운동 중 부실하게 포장된 비닐 중 일부를 파손시키면서 위액 등이 약물에까지 스며들어 휴고는 코카인 중독으로 사망한 듯했다.

나는 다른 연구원들과 함께 이렇게 밀수되는 코카인의 순도가 어느 정도인지 살펴보기 위해 함량 실험을 실시했다. 115개 덩어리 중에서 22개를 임의로 택해 코카인 함량을 살펴봤더니, 놀랍게도 순도 90.7~98.1%로 아주 높은 함량 분포를 보였다. 국과수에서는 감정만 하고 증거물 잔량은 의뢰 관서에 감정서와 함께 반송하는 체계라 정확히는 알 수 없지만, 전체 115개에 함유된 코카인의 전체 양이 900g인 점을 감안할 때 시중 가격이 억대에 이를 것으로 추정됐다. 그리고 유통 과정에서 이렇게 순도가 높은 코카인을 바로 유통시키지 않고, 다른 물질을 첨가해 양을 늘려 더 높은 마진을 남기려 할 테니 실제로 이 정도 양이 시장에 유입되었다면 엄청난 가격으로 거래되었을 것이다.

덩어리의 함량 실험을 끝내고 직원들과 함께 사망자의 혈액 및 조직에서 코카인 및 그 대사체의 농도를 측정했다. 변사자의 혈액에서 코카인과 코카인의 대사체가 검출되었으며, 기타 소변, 위내용물, 담즙, 간, 비장, 신장, 심장, 소뇌 및 폐 등에서도 코카인과 그 대사체가 검출되었다. 변사자의 혈액 중 코카인의 농도는 매우 높았는데 외국에서 급성 코카인 중독으로 사망한 다른 사례보다 훨씬 높은 수치였다.

이번 사건은 우리나라에서 처음 발견된 바디패커의 사망 사건이었기에 관심을 기울여 관찰했다. 특히 출발지, 경유지, 도착지를 정확히 파악할 수 있었기 때문에 마약의 국제적 운반 경로를 추정 가능해 국제적 마약 거래 수사에 크게 도움이 될 듯했다. 이와 더불어 페루 산지에서 포장된 코카인의 순도를 측정해 생산국에 따른 코카인의 품질을 파악할 수 있어, 코카인의 남용 사례가 거의 없던 우리의 입장에서 볼 때 아주 중요한 정보를 얻은 셈이었다.

왜 이런 위험을 무릅쓰려 하는 걸까
—

일반적으로 사람의 몸을 이용하여 마약을 밀수하는 마약 밀매범의 경우, 크게 바디패커Body-packer와 바디스터퍼Body-stuffer 두 유형이 있다. 바디패커는 마약을 라텍스나 콘돔 따위로 싼 다음 이를 삼켜 세관을 통과하고, 바디스터퍼는 마약을 소지하고 있다가 검거 위기의 순간 마약을 비닐봉지나 콘돔에 싼 뒤 삼켜 범죄를 은폐한다. 보통 바디패커의 경우 킬로그램 단위의 마약을 한꺼번에 운반한다. 주로 몸집이 큰 아프리카나 남미 사람들이 많은데, 이들은 미리 장을 비워 많은 양의 마약을 몸에 은닉하고 최종 목적지에 성공적으로 도착하면 설사약을 먹고 배설한 뒤 마약이 든 덩어리를 세척하여 연결망에 전달하고 운반비를 받는 것으로 알려져 있다. 이와 달리 바디스터퍼는 갑자기 경찰 등의 단속을 피해야 할 때 포장이 잘 되어 있지 않은 봉지를 삼키거나 인체의 은밀한 부위에 숨기는 경우가 많아 오히려 바디패커보다 훨씬 위험할 수 있다.

우리나라에서 바디패커가 발견된 건 이번이 처음이었는데, 아시아의 다른 나라에서도 이런 사례가 있었는지 궁금했다. 그러던 차에 일본의 마약 전문가인 이노우에 박사와 마침 기회가 닿아 이번 사건에 관해 이야기를 나누었다. 그런데 희한하게 비슷한 시기에 일본에서도 나이지리아 사람이 일본 출입국장을 통과하다 쓰러져 사망한 사건이 발생했고, 부검을 해보니 위와 장에서 주렁주렁 연결된 덩어리가 발견되었다고 하였다. 콘돔에 싸인 덩어리를 절개해보니 백색 분말이 나왔고, 실험 결과 이것이 헤로인임이 밝혀졌다. 그러나 한국과 일본에서 발생한 바디패커 사건가 연간된 마약 조직이 있는지는 알아낼 수 없었다.

생각해보니 이번 사건과 비슷한 사례를 이전에도 접한 적이 있었다. 1995년 초쯤, 김포공항 화장실에서 대변처럼 생긴 검은색 덩어리가 변기 속에서 발견되어 김포공항에 비상이 걸린 적이 있었다. 대변과는 색이 전혀 다르고 검은색으로 포장되어 있었는데, 폭발물 또는 독극물로 의심되어 경찰 특별팀이 현장에 출동하여 조심스럽게 검은색 덩어리를 채취하여 국과수에 의뢰했던 것이다. 증거물을 살펴보았더니 길이가 10cm 정도에 너비가 4cm쯤 되는 꽤 굵은 덩어리였다. 덩어리를 칼로 조심스럽게 분해했더니 검은색 비닐 안에 무색의 비닐이 한 겹 있고, 그 안에 진한 갈색 물질이 있었다. 화장실 변기에서 나왔지만 포장이 잘 되어선지 전혀 물기가 없이 잘 건조된 상태였다.

일정 부분을 채취하여 예비 실험을 실시한 결과 이것이 아편이 아닌 대마 종류임을 확인할 수 있었다. 대마 성분임은 확인되었지만 대마 잎을 말린 형태가 아니라서, 외국의 논문과 지인 연구자들을 통해 알아봤더니 그 물질이 해시시임을 알아냈다. 아마 누군가 해시시를 몸속에 넣고 가다 갑작스러운 변의로 배설했는데 판로를 찾지 못해

두고 사라진 듯했다. 김포가 마지막 기착지였는지 아니면 다른 나라를 향하던 중이었는지 궁금했지만 끝내 소유주를 찾지 못했다. 지금과 달리 공항에 CCTV가 설치되어 있지 않아 사람을 찾기가 쉽지 않았다.

이후 국내에서 바디패커로 인한 사망 사고는 없었지만 비슷한 사례가 빈번히 발생하고 있다. 2011년 3월에도 중국을 통해 입국한 한 여성 피의자가 13g의 마약을 콘돔으로 포장해 본인의 음부에 은닉, 밀수입하려 평택항국제여객터미널에서 적발된 적이 있고, 몇 년 전 세관의 물품 검사 도중 초콜릿 2개가 수상해 보여 자세히 살펴보았더니 그 안에서 하얀 가루가 나와 확인한 결과 코카인이 검출된 사례도 있었다. 왜 이들은 목숨을 걸고 마약을 운반하는 걸까? 비록 목숨을 담보로 마약을 운반하지만 생각보다 운반비는 그리 크지도 않다고 한다. 사람의 목숨을 담보로 마약을 운반하다니 정말 비인간적인 운반 방법인데, 적은 보수에도 위험을 무릅쓰려는 나이지리아인을 비롯한 아프리카인들이 마약 운반책으로 고용되는 사례가 급증하고 있다고 한다. 가난한 나라의 사람들이 이렇게 이용되는 상황이 너무 안타깝고, 인권을 위해서라도 이런 밀수 행태를 근절할 방법을 찾아야 할 것 같다.

목소리로 범인을 찾아라

: 성문 검사

유일한 증거는 유괴범의 목소리

—

1997년 8월 30일 오후 1시경, 영어학원을 간다며 집을 나섰던 8세 박초롱초롱빛나리 양이 저녁이 되어도 집에 돌아오질 않았다. 다들 걱정하고 있는데 집으로 어떤 여성에게서 두 차례에 걸쳐 전화가 걸려왔다. 자신이 나리를 납치해 데리고 있으니 현금카드를 가지고 명동역 부근 다방으로 나오라며 2천만 원을 요구했다. 부모의 신고로 곧이어 합동수사본부가 차려졌는데, 먼저 수사관들은 범인이 전화를 걸었던 장소를 추적했다. 명동과 남산 부근의 공중전화에서 전화가 발신되었음을 파악했는데, 그중 두 번째 협박 전화가 걸려온 곳이 명동 P호텔 근처라는 사실을 알아냈다. 일단 그곳 공중전화 수화기 전체를 수거하여 지문 검사실로 보냈다. 그리고 오후 9시, 세 번째 협박 전화가 걸려왔다. 박 양의 어머니가 범인과 통화하는 동안 수사관들은 발신지를 추적해 발신지가 명동의 한 커피숍임을 확인했고, 즉시 형사대가 그곳으로 출동하여 손님들의 신원을 확인해나갔다. 그런데 손님 중에 만삭의 임산부는 주변 사람들의 만류로 임산부의 지문만 채취하고 더 이상의 조사는 진행하지 못했다. 이렇다 할 단서를 찾지 못한 합동수사본부는 범인의 목소리가 녹음된 테이프를 국과수에 의뢰했다.

증거물을 받은 성문분석실 홍 연구원은 경찰이 보내온 녹음된 테이프를 듣자마자 통화 당시 배경음이 너무 시끄러워 범인의 목소리를 파악하기 쉽지 않을 것이라고 예감했다. 이에 듣고자 하는 소리만 선택하고 나머지 배경음은 삭제하는 것을 수차례 시도한 끝에 범인의 목소리만 분리해낼 수 있었다. 하지만 비록 범인의 음성을 알아냈어도 막상 용의자가 없으니 소용이 없었다. 만약 용의자가 있으면 통화에서 분리한 목소리와 용의자의 목소리를 비교하여 동일성 여부를 쉽게 확인할 수 있겠지만 용의자의 목소리가 없으니 비교할 게 없었다. 따라서 우선 목소리가 어느 지역 언어권의 영향을 받고 있는지, 연령대는 어떤지 등 목소리의 특성을 파악하기로 했다. 그 결과 놀랍게도 범인은 20대 후반의 여성으로, 경상도 지역 언어권의 영향을 받은 사람으로 추정되었다. 이런 결과를 통보받은 경찰은 여기에 목격자의 증언을 결부해 범인이 20대 여성으로 159cm의 체격임을 밝혀냈고, 목소리를 대대적으로 공개하며 사건이 발생한 지 나흘 만에 박 양 유괴 사건을 비공개에서 공개 수배 사건으로 전환했다.

사건의 실마리는 아주 의외의 장소에서 풀렸다. 사복 차림의 경찰이 자꾸 집 주변을 배회하자 집주인이 자신의 딸이 가출했고 누군가 자꾸 집 주변을 배회한다며 경찰서에 연락을 했다. 이에 경찰이 출동해 녹음해둔 범인의 목소리를 들려주자 집주인은 즉각 자신의 딸 목소리와 같다고 확인해주었다. 또한 범인의 남편 역시 목소리를 들더니 자기 아내의 목소리와 동일하다고 인정했다. 이에 경찰은 확신을 갖고 범인의 소재를 파악하여 무용학원 강사 출신인 A씨를 검거했다. 경찰 수사에 따르면 A씨는 나리 양이 다니던 발레학원의 강사로, 신용카드 연체료가 천만 원을 넘어가고 집까지 차압당하는 등 빚에 쪼들리자 박 양을 학원 부근에서 유괴했다고 한다. 그런데 명동 커피숍에서 경찰의 검문에 위기를 느낀 A씨는 그 길로 동네 약국에서 구한 수면제 두 알을 박 양에게 먹여 잠들게 한 뒤 목을 졸라 살해했다. 그리고 범행 뒤 가출하여 서울 지역 여관 등을 전전한 것이다. 추궁 끝에

보이지 않는 진실을 보는 사람들

박 양의 시신을 남편이 사용하던 사무실 지하 창고에 숨겼다고 자백했고 그곳에서 눈, 입, 손목, 발이 청테이프로 감긴 채 가방에 들어 있는 박 양의 시신이 발견됐다. 부검 결과 박 양은 질식사한 것으로 판정되었으며, 혈액, 위 조직, 간 및 비장에서 수면제 성분인 독실아민이 검출되었다. 독실아민은 수면 유도, 진정 등에 사용되는 최면, 진정제(수면제)로서 보통 성인의 경우 1정(25mg)을 수면 30분 전에 복용하는데, 어린이에게 2알을 먹였으니 바로 잠들었을 것이다.

유괴 소식을 접했던 국민들은 1987년의 원혜준 양 유괴 사건, 1991년의 이형호 군 유괴 사건을 떠올리며 박 양이 꼭 살아서 돌아오기를 기다렸지만, 사건 발생 13일이 지난 1997년 9월 13일 언론은 일제히 박 양의 안타까운 사망 소식을 전할 수밖에 없었다. 유괴범을 좀 더 빨리 찾을 방법은 없었는지, 애초에 유괴 사건을 막을 대책은 없는지 등 다양한 의견이 개진되는 가운데, 유괴 사건의 경우 과학수사에서 가장 중요하게 역할하는 성문 분석에 관한 관심도 높아졌다. 유괴범의 협박 전화에서 파악한 목소리가 사건의 해결 단서가 되기 때문이다. 우리나라의 경우 성문 분석은 1980년 초에 도입되었는데, 1987년 원혜준 양 유괴 사건에서도 범인을 검거하는 데 중요한 역할을 했다.

목소리가 유력한 단서가 되기까지

—

범인을 식별하는 단서로 음성이 처음 이용된 것은 1660년 영국의 찰스 1세의 죽음과 관계된 재판에서였다. 사건 발생 당시 현장에서 범인의 음성을 들었던 사람들을 재판장으로 불러와 용의자의 음성을 들려주고 범인의 목소리와 동일한지 확인하도록 한 것이다. 이후 1932년에는 비행기를 타고 최초로 대서양 횡단에 성공해 유명세를 탔던 찰스 린드버그의 20개월 된 아들의 유괴 사건이 발생했는데, 이때 음성 인식이 범죄를 입증하는 데 처음 쓰였다. 음성 분석은 전쟁 중 더 활발하게 활용되어 제2차 세계대전 당시, 적의 무전병 목소리를 분석하여 적군의 이동을 파악하기도 했다. 이때 미군 측에서는 벨^{Bell} 연구소에 성문 연구를 의뢰했는데, 성문^{Voice Print}은 1943년 벨 연구소의 포터 박사가 사람 음성의 여러 주파수를 혼합 무늬를 통해 최초로 기록한 것이다. 1945년에는 음성을 눈으로 볼 수 있는 음성 분석기가 개발되면서 성문 연구가 획기적으로 발전했다. 그러나 전쟁이 끝나면서 음성에 관한 연구가 중단되었다가, 1960년대 들어 FBI가 비행기 납치, 폭발 협박, 유괴 사건, 공갈 사건 등을 조사하는 과정에서 다시 벨 연구소에 음성 연구를 의뢰하기 시작했다. 일본에서는 1963년 동경 부근에서 발생한 '요시노부 군 유괴 사건'을 계기로 과학수사 분야에서 처음 음성 감정을 다루기 시작하였고, 우리나라에서는 1987년 7월 1일부터 음성 감정에 관한 연구를 시작하여, 1987년 원혜준 양 유괴 사건에서 음성 감정을 바탕으로 범인을 검거하기도 했다.

각종 범죄 사건에서 음성을 유력한 증거 자료로 삼는 이유는 사람마다 해부학적 성상과 발음 습관이 달라 목소리만 듣고도 누구인지 구분할 수 있기 때문이다. 물론 그냥 듣고 구분하기에는 한계가 있어 기기를 이용하여 음성을 녹음한 후 이를 음성 분석기로 분석하여 식별한다. 즉, '소나그래프'를 통해 목소리를 귀로만 인식하는 것이 아니라 눈으로도 확인할 수 있는데 소나그래프에 나타나는 패턴을 보면 성도의 길이, 성대 진동의 특징들을 찾아볼 수 있다. 이에 따라 억양이나 발음 지속 시간 등과 같은 음성학적 특징들을 비교해 범인 음성을 식별하는 것이다. 용의자가 있는 경우에는 그 목소리와 비교하면서 바로 식별할 수 있지만, 그렇지 않은 경우에는 음성을 듣고 발음의 특성을 분석하여 성별, 나이, 학력 수준, 출생 지역 등의 단서를 파악한 다음 TV나 라디오 등의 매체에 범인의 음성을 내보내 용의자 수배에 이용하기도 한다.

성문으로 해결한 사건 중 지금도 생각나는 사건이 있다. 1996년 2월 3일, 지하철 지연으로 지각하는 바람에 직장에서 해고당할 뻔했다며 2월 5일 8시 27분경에 부평역에서 출발하는 지하철을 폭파시키겠다는 협박 전화가 걸려왔다. 범인은 3일부터 총 네 차례에 걸쳐 철도청 운행국장 등에게 협박 전화를 걸었는데 경찰은 발신지 추적을 통해 범인이 부평과 서울 북창동에서 전화한 사실을 알아냈다. 경찰은 즉시 부평에 거주하는 북창동 소재 중소기업 직원 3천 5백여 명을 파악했다. 그러던 중 폭파 협박 사건 관련 내용을 접한 범인이 자신의 입장을 해명하고자 방송국에 직접 전화를 걸어왔고, 경찰 측은 이때 번호를 추적하여 용의자를 확보할 수 있었다. 수사관은 다시 그 번호로 전화를 걸어 용의자의 변조되지 않은 음성을 녹음할 수 있었고, 그것과 협박 당시의 목소리를 비교해달라며 국과수에 감정을 의뢰했다. 홍 연구원은 소나그래프를 이용해 두 목소리를 분석한 끝에, 음성이 동일함을 밝혀냈고 대화 중에 영어를 자연스럽게 구사하는 점 등의 특징을 경찰에 통보했다. 경찰은 이를 바탕으로 사무직에 종사하는 직장인을 대상으로 수사를 진행해 마침내 용의자의 자백을 받아낼 수 있었다. 이 사건의 범인은 지하철의 잦은 연착에 불만을 품고 있던 평범한 30대 직장인이었다. 전자회사의 과장으로 일하는 범인은 한 달에 두세 번씩 지하철이 30분 정도 연착해 철도청에 몇 차례 항의 전화를 걸었지만, 전혀 개선되지 않자 사회적 문제로 부각시키기 위해 협박 전화를 건 것이다. 2년 전에도 지하철이 연착되어 제품 계약에 실패해 수천만 원을 손해봤고, 추운 겨울날에도 연착 안내방송조차 없던 철도청의 무성의함에 화가 났다고 했다. 다행히 이 사건은 해프닝으로 끝났지만, 음성 분석을 통해 용의자를 찾아내지 못했다면 지하철을 이용하는 시민들은 한동안 엄청난 불안에 떨었을 것이다.

유괴범이나 협박범의 음성이 언론을 통해 일반인들에게 알려지게 되면 수많은 사람들로부터 유사한 목소리를 가진 사람을 안다는 제보가 끊이질 않아 범인을 찾는 데 큰 힘이 된다. 원혜준 양 유괴 사건에서는 녹음된 범인의 음성과 비슷한 50여 명의 음성을 분석하여, 이 결과를 토대로 용의자를 확인해 범행을 자백받는 데 성공하기도 했다. 사람들이 자기 주변 사람의 음성을 듣고 누구의 목소리인지 정확하게 가려낼 수 있는 이유는, 각 사람의 음성에서 드러나는 특징을 우리 뇌가 기억하고 있기 때문이다. 그러나 일반적으로 모르는 사람의 목소리인 경우엔 쉽게 식별하지 못한다.

음성 분석은 범인 음성을 식별하는 데 이용할 뿐만 아니라, 사건 현장에서 발생한 여러 소리를 분석하여 수사에 단서를 마련하기도 한다. 한 예로 미국에서 살인강도 사건이 발생했는데, 그 당시 피해자가 911에 전화를 걸어 살인 현장에서 발생한 모든 소리가 911 녹음 시스템에 저장되었다. 이를 분석해보니 파이프가 바닥에 떨어지는 소리가 녹음되어 있어 이를 단서로 용의자 집에서 찾은 파이프를 범죄 증거로 삼을 수 있었다.

우리나라에서도 119에 녹음된 소리로 범인을 검거한 경우가 있었다. 바로 '노인과 바다'라고도 알려진 보성 70대 어부가 20대 여성 2명, 20대 남녀 대학생 2명 등 4명을 살해한 사건이다. 2007년 8월, 전남 고흥군 해안에서 두 구의 사체가 발견되었다. 그중 한 시체에서 발견된 휴대전화 번호로 119에 총 네 번에 걸쳐 전화를 건 기록이 있어 국과수에 의뢰되었다. 의뢰된 전화 기록을 받고 감정을 담당한 김 실장은 네 통의 전화 기록을 검사한 결과, 모두 사람의 목소리는 들리지 않았지만 녹음물에서 아주 독특한 기계음이 들리는 것을 발견했다. 여러 가지 기계음과 비교를 한 끝에 엔진 소리임을 확신했는데, 차는 아니고 배의 엔진 소리로 판단하였다. 큰 배는 아니고 작은 배일 것으로 추정되어 보성경찰서의 사건 담당 형사와 상의하여 사건 현장 인근에 거치된 통통배를 모두 파악하고 각각의 엔진음을 녹취해 보내도록 했다. 이 사건을 맡은 담당 형사는 끈질기게 그 주변에 있는 27척의 선박을 하나하나 방문하면서 엔진음을 녹음하여 국과수로 보냈다. 엔진음을 비교하던 김 실장은 한 선박의 엔진음이 증거물과 정확하게 일치하는 것을 확인한 순간 환호했다. 휴대전화에서 채취한 기계음이 바로 보성 70대 어부가 소유하고 있던 선박의 엔진 소리와 일치했던 것이다. 강력범죄 수사상 드물게 음향 분석 결과가 결정적 근거가 되어 범인을 검거한 사건이었다. 즉 같은 종류의 엔진이라고 하더라도 사용 연한 등에 따라 소리에 차이가 있다는 점에 착안하여 작은 실마리로 큰 사건을 해결할 수 있었다.

그런데 보통 음성 분석에 의뢰되는 테이프는 식당이나 공연장 등과 같이 시끄러운 곳에서 녹음된 경우가 아주 많다. 이 때문에 시끄러운 곳에서 녹음된 특정인들의 대화 내용을 확인하려고 할 때 주변 잡음을 제거하는 작업을 먼저 실시하는데, 잡음을 제거하고 특정인의 음성이 잘 들리도록 녹음테이프의 음질을 개선하는 일이 주 작업이다. 외국에서 발생한 이와 관련된 유명한 사건으로, 공중에서 폭파된 비행기의 블랙박스 음성 녹음 기록에서 비행기 엔진 소리 같은 잡음을 제거하고 희미한 사람 음성만을 확인했더니 "I'll kill you"라는 말이 들려 비행기가 공중납치되었음을 증명해낸 적도 있었다.

또 녹음테이프의 진위를 판단해야 하는 경우도 있다. 사기 사건이나 간혹 정치적인 사건과 관련된 녹음테이프가 원본인지, 인위적으로 조작 편집된 것인지를 가려내는 것이 여기에 속한다. 미국 워터게이트 사건 당시, 백악관에서 24시간 동안 녹음된 테이프를 6명의 음향학자가 분석했는데, 음성이 녹음되지 않은 부분 중 일부분이 녹음 후에 대화 내용이 삭제된 것으로 확인되어 녹음테이프의 인위적 조작 여부를 최초로 확인할 수 있었다. 국내에서도 대통령 후보 자제의 병역 비리 사건과 관련해 조작 가능성을 검증하기 위해 녹음테이프 편집 여부를 감정한 경우가 있었는데, 이때 제출된 소형 녹음테이프에 녹음된 음성과 방송의 인터뷰 음성이 동일한지와 더불어 녹음테이프가 인위적으로 편집되었는지에 구체적인 실험이 이루어졌다.

과학수사를 대표하는 기술

—

개인적으로 음성 분석이야말로 과학수사의 진면모를 보여주는 분야라고 생각한다. 이 때문에 국과수 원장 시절, 외부에서 손님이 오면 항상 맨 먼저 안내하는 곳이 음성분석실이었다. 손가락의 지문처럼 목소리에는 성문이 있어 이를 가지고 사람을 식별해낼 수 있다는 점은 정말 흥미롭다. 또 목소리를 감추려고 가성을 써도 이를 구별할 수 있고, 나이가 들어도 특징이 있어 구분이 가능하다는 사실이 참으로 신기하기만 하다. 같은 '안녕하세요'라도 누가 말하느냐에 따라 소나 그래프에는 전혀 다른 패턴이 그려진다. 음성은 확연히 두 사람을 구별하는 중요한 실마리가 되는 것이다.

음성 분석을 통해 해결한 범죄 사례는 갈수록 증가하고 있지만, 분석 과정이 수월해지는 것은 아니다. 사건마다 변수가 달라 비교해서 참고할 만한 사례가 많지 않다. 또한 환경적인 변수뿐만 아니라 범인이나 용의자는 애초에 자신의 목소리를 위장하려고 하기 때문에 분석을 위한 정확한 정보를 파악하는 것이 쉽지 않다. 특히 컴퓨터를 이용하여 목소리를 변조하는 경우에는 정말 어렵다. 성문을 정확하게 파악하기 위해서는 동일한 단어를 두고 비교하는 것이 좋은데, 범인이나 용의자가 동일한 단어를 반복해서 말하는 경우는 많지 않아 어려움을 겪기도 한다. 음성분석실에서 일하는 연구원들이 각양각색의 사건 속 대화를 듣고 또 듣고, 그 소리를 다시 눈으로 확인하며 주파수 세기와 주파수 높이를 하나하나 집중해서 끈기 있게 살펴보는 모습은 늘 인상적이었다.

거짓말 탐지 의자를 발명하다

: 세계 최초의 거짓말 탐지 의자

범인은 거짓을 말하고 있는가?

—

우리나라의 과학수사 기술이 세계적인 수준으로 성장하는 가운데, 국과수에서는 자체적으로 프로그램이나 기구 등을 개발하는 데에도 힘을 쏟고 있다. 2010년에는 세계 최초로 '거짓말 탐지 의자'를 발명해 큰 주목을 받았다. 기존 거짓말 탐지기가 자율신경계의 변화를 이용하는 것이라면, 거짓말 탐지 의자는 진술자의 근육이 수축·이완되는 정도까지도 측정해 거짓 여부를 판단할 수 있도록 설계되었다.

고대부터 생리적 또는 심리적 현상을 이용하여 거짓 여부를 판별하려는 시도가 많았다. 긴장했을 때 입안이 마르는 생리현상에 착안하여 불에 달군 쇠붙이를 혀끝에 갖다 대고 화상을 입으면 거짓말을 했다고 판정하는 식이었다. 이와 유사한 발상으로 고대 중국에서는 쌀을 입속에 잔뜩 넣고 씹다가 뱉게 하여 그 쌀에 묻은 타액의 건조도를 가지고 거짓말 유무를 판별하기도 했다. 또한 심리 변화가 맥박에 영향을 끼치는 현상을 활용하기도 했다. 시리아 제국의 왕자가 아버지와 재혼한 젊은 왕비를 짝사랑하여 상사병에 걸렸는데, 왕비에 관한 대화를 나눌 때면 왕자의 맥박 수가 증가하는 것을 발견한 의사가 상사병임을 판명했다. 이런 심리적 자극에 의한 맥박의 변화는 오늘날의 거짓말 탐지기 원리와 흡사하다.

이 같은 방법들은 비록 과학적인 현실감은 떨어지지만, 거짓말을 할 경우 발생하는 생리 변화를 이용했다는 점에서 현대의 거짓말 탐지기의 출발과 크게 다르지 않다. 1581년 갈릴레오가 맥박을 측정할 수 있는 장비를 개발하면서 거짓말 탐지기의 발판이 마련되었다. 산업혁명 이후 심리 연구가 본격적으로 진행되면서 맥박이나 호흡 패턴의 변화, 혈압 파동의 변화 등을 이용한 기계가 개발되었다. 그리고 마침내 1921년 라슨 박사가 호흡과 심장 활동(혈압과 맥박)의 변화를 동시에 측정할 수 있는 장비를 개발하여 이를 '폴리그래프'라 명명하였다.

국내에서 최초로 거짓말 탐지 기술이 수사에 이용된 사례는 1981년 이윤상 군 유괴 사건 때였다. 14세의 중학생이던 이윤상 군은 심부름을 갔다가 유괴되었는데 유괴범은 62회에 걸쳐 이 군의 집에 협박 편지를 보내고 전화를 걸어 끈질기게 인질금 4천만 원을 요구했다. 해가 바뀌어도 용의자의 신원이 확인되지 않자, 피해자의 안전을 위해 비공개 수사로 진행되던 사건은 사건 발생 4개월 후에 공개 수사로 전환되었다. 이윽고 경찰에서는 유력한 용의자로 이윤상 군의 체육 교사를 지목하였고, 이를 강력하게 부인하는 용의자를 두고 국과수에 거짓말 탐지를 의뢰하였다.

이에 국과수에서는 먼저 사건 전모를 파악한 뒤 거짓말 탐지 검사를 진행하였다. 우선 이 군의 집을 중심으로 약도를 그려서 이 군을 납치한 지점을 알고 있는지, 납치 후 어느 방향으로 이동하였는지, 범행에 가담한 또 다른 사람이 있는지, 있다면 몇 명인지 등을 검사하였다. 이렇게 첫 번째 거짓말 탐지 검사가 끝나고, 그다음에는 이 군이 납치를 당한 날 끼고 나간 장갑에 대해 검사해보았다. 이 군이 사건 발생 당시 끼고 있던 장갑의 모양과 색깔은 오직 그의 어머니와 범인만 알고 있는 사실이기 때문에, 이 문항에 거짓 반응이 나온다면 확실한 범행 증거가 될 것이었다. 이 군의 장갑과 똑같은 장갑을 포함해 그와 비슷하긴 하지만 차이가 있는 다른 장갑 8개를 준비했다. 피검사자는 1번에서 9번 장갑에 이르기까지 한결같이 "모릅니다"를 되풀이했는데, 놀랍게도 이 군의 것과 같은 빨간색 장갑을 봤을 때 거짓말 반응이 두드러졌다. 검사관은 이를 토대로 교시가 이 군의 장갑을 알고 있다는 확신을 갖게 되었고, 그가 거짓말하고 있다는 결과를 경찰에 통보했다. 경찰은 거짓말 검사 결과를 토대로 체육 교사를 재조사하여 1981년 11월 30일, 마침내 이 군을 납치한 범인은 그가 다니던 중학교의 교사라는 사실을 밝혀냈다. 이 사건을 통해 거짓말 탐지기가 수사를 보조하는 데 유용하게 쓰일 수 있다는 것이 증명되면서 우리나라에서도 거짓말 탐지 검사가 수사에 적극적으로 이용되기 시작했다.

거짓말 탐지기는 얼마나 정확할까

—

아직 국내에서는 거짓말 탐지 검사 결과가 재판에서 증거물로 채택되지 않고 참고 자료 정도로만 쓰이고 있는 실정이다. 거짓말 탐지 검사의 정확도를 살펴보기 위해 거짓말 탐지기를 사용한 사례를 가지고 검찰 측 처분과 법원 판결과의 일치 여부를 확인해봤더니, 거짓말 탐지 검사에서 거짓 판정을 받은 사례 중 법원의 유죄 판결을 받은 비율이 전체 중 94.1%에 달했다. 이런 높은 일치율을 보임에도 법정에서는 거짓말 탐지 검사 결과를 증거로 채택하고 있지 않은데, 2005년 어떤 뺑소니 사건의 경우 법원은 거짓말 탐지기의 정확한 측정 능력, 합리적인 질문과 검사 기술, 측정 내용에 관한 객관성과 정확한 판독 능력 등의 조건을 갖추어야 증거로 채택할 수 있다며 사실상 결과를 인정하지 않았다. 하급심의 경우엔 증거로 인정받는 사례가 종종 있긴 하지만, "범인 잡는 과학수사 도구인가, 생사람 잡는 기계인가"라며 거짓말 탐지기의 신뢰성에 의문을 제기하는 경우도 많다. 아무리 90% 이상의 신뢰도가 증명되었더라도 나머지 확률의 오류로 인해 무고한 혐의를 받는 사람이 생겨날 수 있다며 신중을 기해야 한다는 것이다.

검사관의 질문 내용에 따라 결과의 정확도가 높아지는데, 경험이 많은 검사관들은 범인의 자율신경계를 자극해 생리적 반응을 일으킬 만한 적확한 핵심 질문을 선정해 검사를 진행한다. 그리고 검사 질문을 받으면서 심하게 동요하는 등 검사 장치 외에도 측정할 수 있는 여러 생리적 현상이 있는데, 검사관들은 생리적 현상에 대한 전문적인 식견과 더불어 이를 직관적으로 판단할 전문성을 갖추고 있다. 이를 위해서는 검사 전 면담 과정에서 미리 조건화와 필터링을 잘 시키는 것 또한 중요하다. 거짓말 탐지 검사의 정확도는 장비도 중요하지만 검사관의 능력에도 비례하는 것이다.

검사의 정확도를 높이기 위해 국과수에서는 자체적으로 다양한 기술을 개발해왔는데, 동공의 변화를 측정해 거짓 여부를 판단하는 기술을 개발하여 특허를 받기도 했다. 이처럼 거짓말을 탐지하는 데 객관성을 높이기 위해 끊임없이 노력하던 범죄심리실의 김 실장이 어느 날 나를 찾아와서 거짓말 탐지용 의자를 새로 개발해보고 싶다고 했다. 기존에 사용하던 것은 의자의 크기가 일정해서 체격이 지나치게 큰 사람이나 지나치게 마른 사람의 경우 불편하니 사람의 몸에 맞게 조절되는 의자를 개발해보고 싶다는 것이다. 검사받는 사람들이 이용하기 편리하도록 검사 기기를 의자에 부착한다는 아이디어가 신선하고 창의적이어서 적극적으로 지원하도록 했다.

그 후 김 실장은 의자를 개발하는 데 얼마나 골몰해 있던지 한동안 얼굴을 보기가 어려울 정도였다. 2010년 국과수 창립 55주년이 되는 즈음 김 실장이 아주 만족한 얼굴로 의자가 드디어 완성되었다며 시범을 해 보이겠다고 했다. 오랜 연구 끝에 세계 최초로 거짓말 탐지용 의자가 탄생하는 순간이었다. 이 의자에는 동공, 혈압, 피부 전류, 괄약근을 측정하는 장치가 설치되어 있고, 팔걸이를 조정할 수 있고 의자도 회전할 수 있도록 맞춤형으로 제작되었다. 김 실장이 애초에 의도한 대로 의자의 높낮이와 폭이 조절되어 검사받는 사람이 날씬하든 뚱뚱하든 간에 체격에 따른 자세의 불편함 없이 편안한 자세로 검사를 진행할 수 있게 되었다. 더욱 이 의자로 생리 상태, 근육의 변화, 동공의 변화를 모두 측정할 수 있어 거짓말 탐지 기술의 정확성을 확보하는 중요한 계기가 되었다. 이 발명은 창립 55주년을 앞둔 국과수의 역사에 아주 큰 획을 그을 만한 것이었고, 언론에서는 "CSI도 울고 갈 토종 기술, 세계 첫 거짓말 탐지 의자"라며 대서특필했다.

현재 국과수에 소속된 연구원들이 그러하듯 끊임없이 새로운 기법을 개발하고 자신들의 능력을 향상시키는 노력을 한다면, 머지않아 우리나라 법원에서도 거짓말 탐지기 결과의 객관성이 인정될 것이라는 기대를 해본다. 아주 흥미로운 점은 이런 연구 결과가 해외에서도 인정받기 시작했다는 것이다. 스위스 베른의 경찰국에서 근무하던 법과학자가 우리나라에 머무는 동안 범죄심리에 관심이 커서 직접 거짓말 탐지 기술을 접하면서 공동 연구를 하는 기회가 있었다. 몇 달에 걸친 연구를 마치면서 거짓말 탐지 기술의 정확성에 감탄하고는 스위스에서도 이를 사용하면 좋겠다며 본인이 직접 홍보하겠다고 했다. 유럽에서 특히 스위스에서는 원래 거짓말 탐지기를 거의 사용하지 않고, 효용성을 전혀 인정하지 않고 있었는데 그 법과학자가 한국에서 연구한 결과를 바탕으로 스위스 학회지에 거짓말 탐지 기술에 관해 보고서를 제출하고, 강의도 하면서 우리의 거짓말 탐지 기술을 스위스에 알리는 데 열중하고 있어 정말 자랑스러웠다. 우리가 일반적으로 사용하는 기술이 어떤 나라에서는 아주 새롭게 받아들여진다는 사실이 흥미롭고, 우리의 거짓말 탐지 기술이 세계에 홍보된다니 매우 기분 좋은 일이었다.

타짜도 꼼짝 못하는 기술

: IT 기술로 판독해낸 화학 물질

해외로 수출되는 도박 기술

—

2011년 8월, 강남의 유흥업소 여종업원을 상대로 사기 도박판을 벌여 100억 원에 이르는 거액을 챙긴 '타짜'들 이야기로 시끄러웠다. 이들은 2006년 3월부터 5년 동안 강남 유흥업소 여종업원들을 도박장으로 유인해 '바둑이'와 '홀라' 등의 도박을 벌였는데 손과 카드 사이의 거리나 손동작, 주먹의 동작, 은어 등을 교묘하게 활용해 서로 필요한 카드를 주고받으면서 상대방을 속인 것으로 밝혀졌다. 은어와 손동작을 익히기 위해 여관에 모여 특별 훈련까지 받고, 카드 뒷면에 특수 형광 물질을 미리 발라두고 도박 도중 특수 콘택트렌즈를 착용해 패를 읽는다는 '목카드' '첵카드' 등의 방식을 사용했다고 한다. 이런 사기 수법으로 하루에 6천만 원을 잃은 한 유흥업소 여성이 스스로 목숨을 끊은 안타까운 일도 있었다.

사기 도박에서 주로 쓰이는 목카드는 의외로 인터넷을 통해 쉽게 구할 수 있는데, 카드에 입히는 다양한 잉크가 개발되면서 그 기술이 점점 지능화되고 있는 실정이다. 미국에서도 목카드가 생산된 지 25년이 다 되는 동안 그 수법이 점차 발달해 요즘엔 자외선에서는 검출되지 않도록 자외선차단제를 입히기도 한다. 그런데 우리나라 사람들의 사기 도박 기술도 이에 못지않게 발전해 중국 쪽으로 기술을 전수할 정도라고 하니 놀라지 않을 수 없다. 2012년 부산경찰청에서 국내 최고의 목카드 제조업자라고 알려진 사기범 A씨를 체포했는데, 그가 자백한 여러 기술을 살펴보니 우리나라 카드 사기 기술 수준이 어느 정도인지를 알 수 있었다. 그는 가는 붓과 면봉 등을 이용해 카드나 화투에 특수 잉크로 점을 찍었다. 이를테면 클로버는 'X', 다이아몬드는 'V' 등으로 모양을 표시하고 그 아래에 숫자를 적는 방식이었다. 그리고 공범 B씨는 특수 잉크의 형광 물질 원료를 인식할 수 있는 특수 콘택트렌즈를 중국에서 제작해 국내로 밀수했다. 이렇게 완성된 형광 물질을 입힌 카드와 이를 인식하는 콘택트렌즈는 전국으로 판매된 것으로 알려졌다. 더 놀라운 것은 A씨는 다른 사기 도박단으로부터 목카드 감별을 의뢰받아 진위 여부를 확인해주는 대가로 건 당 30만 원을 챙기기도 했다는 것이다.

이 밖에도 사기 도박범들은 사전에 도박장 안에 특수 카메라를 설치해 공범이 도박장 밖에서 모니터를 통해 화투나 카드 번호를 판독해 도박장 안에 있는 사람에게 무선 송신기로 알려주는 방법도 사용한다고 한다. 실제로 같은 해 12월, 부산경찰청에서는 특수 카메라와 목카드 등 사기 도박 장비를 설치해놓고 피해자들을 유인하여 포커 사기 도박판을 벌인 일당을 잡았는데 이들은 시내 모텔 등에 미리 특수 카메라를 설치하고 도박꾼들을 유인해 2억 원가량을 편취했다.

스마트폰으로 화투 표면을 읽어내기

—

목카드를 사용한 사기 도박 적발 건수가 한 해 100여 건에 달하는데, 도박장에서 사용된 카드나 화투에 입혀진 특수 물질은 육안으로 보이지 않으므로 사기 여부를 현장에서 곧바로 판정하는 것은 불가능했다. 결국 현장에서 의심되는 증거물을 수거해 국과수로 보내 판정 결과를 기다려야 하는데, 이 과정에서 증거물이 이송되는 데 소요되는 시간과 감정을 하고 결과가 나오기까지 최소 며칠이 걸렸다. 국과수에서는 1억 5천만 원 상당의 고기의 장비를 이용해 키드니 회투에 칠해진 특수 잉크를 정확하게 확인했는데, 고가인데다 크기가 커서 사건 현장으로는 가져갈 수 없기 때문에 시간을 감수할 수밖에 없었다.

어느 날, 그간 CCTV에 찍힌 불완전한 영상을 복원하고 차량 번호판도 인식할 수 있는 프로그램을 개발해온 영상연구실의 이 실장이 IT 기술을 이용하여 사기 도박 사건을 해결할 장비를 개발해보고 싶다고 했다. 화학 분야에만 집중해 연구해온 내게는 증거물을 원상태 그대로 보존하면서 덧칠해진 부분을 분석한다는 것은 큰 도전처럼 여겨졌고, 카드에 칠해진 극미량의 화학 물질을 과연 어떤 원리의 IT 기술로 확인할 수 있을지 예상할 수 없었다. 그럴 때마다 이 실장은 자신 있게 빛의 원리를 설명하면서 이를 이용하여 새로운 감정 기법을 개발하겠다고 장담했다. 그의 열정과 자신감에 감동받아 한번 시도해보기로 했다.

그러나 이론적으로는 손쉽게 가능한 것처럼 보여도, 카드나 화투에 칠해져 있는 극미량의 화학 물질을 IT 기술로 검출해내는 일이 생각만큼 쉽지는 않은 것 같았다. 더욱이 그의 계획대로 작은 카메라 기구만을 이용해 간단하게 감정할 수 있을지 우려되었다. 과연 적외선이나 자외선에만 반응하는 특수 잉크를 가시광선 영역만 담아낼 수 있는 카메라가 읽어낼 수 있을까? 어쨌든 나는 그저 응원 말고는 해줄 게 없어 몇 달간 연구원들이 혼신의 힘을 다해 과제에 매달리는 것을 지켜만 보았는데, 2010년이 저물어갈 무렵 내 방문을 열고 들어오는 이 실장의 표정을 보고 마침내 그가 성공했다는 것을 직감할 수 있었다.

　이 실장과 함께 바로 영상연구실로 달려갔는데, 특수 장비를 사용했을 것이라는 내 예상과는 달리 놀랍게도 스마트폰 하나로 모든 것이 가능했다. 스마트폰의 카메라 기능을 통해 동일한 양의 빛을 카드나 화투의 표면에 쪼이는 원리였는데, 만약 표면에 화학 물질이 칠해져 있을 경우 그 부분과 자체 표면의 빛 반사나 산란의 정도가 다를 것이라는 점에 착안해 개발했다고 한다. 정말 놀라운 아이디어였다. 그 작동 과정을 자세히 살펴보니 더욱 놀랄 수밖에 없었다. 카드나 화투를 스마트폰으로 찍어 그것을 자체 제작한 앱 프로그램에 작동시키면, 매우 짧은 시간 안에 특수 잉크로 표시된 글자가 그대로 나타났다. 사진을 찍고, 프로그램을 작동시키는 전 과정이 30초면 끝났다. 놀라운 나머지 나는 한동안 말을 잇지 못했는데, 자신의 일에 대한 열정으로 이렇게 큰 변화를 이끌어갈 수 있다는 것이 매우 감동적이었다.

　이 실장에게 들어보니 간편한 사용법과는 달리 프로그램에 적용된 이론은 상당히 복잡하고 고차원적인 수학공식이 활용되었다. 그렇게 어렵고 복잡한 수학식이 간단하게 시현될 수 있다는 게 신기했다. 이 실장은 이 프로그램을 'Cheat Finder'라고 이름 붙였는데, 속임수를 찾는 프로그램에 걸맞은 멋진 이름이었다. 이 프로그램은 특수 잉크의 종류에 관계없이 작동시킬 수 있었고, 자외선이나 적외선에만 반응하는 특수 잉크라도 정확한 위치와 문자의 모습을 읽어낼 수 있어 어떤 상황에서도 완벽하게 사용할 수 있었다. 특허 출원이 된 것은 물론이다. 그러나 이 실장은 앱의 형태로 개발한 Cheat Finder를 무료로 배포함으로써 수사 기관에 근무하는 스마트폰 이용자라면 누구나 사용할 수 있도록 했다. 스마트폰만 있으면 간편하게 현장에서 바로 작동시킬 수 있어 수사관들에게는 큰 선물이 되었다. 게다가 경제적 가치 면에서도 외국에서 수입해서 사용하는 장비가 1억 5천만 원이나 하는데, 이 장비 대신에 스마트폰을 사용하여 카드나 화투를 읽을 수 있으니 그만큼 외화도 절약되고 인건비와 시간까지 절약할 수 있었다.

이 실장은 새로운 수사 기법을 모색하고 싶다는 순수한 목적으로 기술을 개발했는데, 이 기술이야말로 국과수에서 발명한 최고의 기술 중 하나인 것 같다. 요즘도 이 실장은 집념을 가지고 꾸준히 새로운 연구 개발 프로젝트를 진행하고 있는데, 곧 얼굴을 인식하는 시스템을 만들어 주민등록증의 사진과 손쉽게 진위를 판별할 수 있게 한다니 기대가 크다. 이 프로그램만 완성되면 위조된 주민등록증을 이용해 건물을 통과하여 문제를 일으키는 일은 절대 발생하지 않을 것이다.

잿더미를 가지고
사건을 규명하다

: 화재 사건 수사

한겨울 물류창고에서 발생한 화재

—

화재 사건은 현장에서 다비리고 남은 증기물을 채취해 이를 과학적으로 증명해 발화 원인을 규명하는 게 일반적이다. 그러나 대형화재의 경우 화재 원인을 밝힐 수 있는 직접적인 감정 대상물이 대부분 타버렸거나 변형되어서 증거물을 찾기 어려운 경우가 많다. 그럼에도 불구하고 화재연구실은 포기하지 않고 끝까지 주위 상황을 면밀히 조사, 관찰하여 실마리라도 찾으려고 한다. 다음 두 사건도 인명 피해가 컸던 대형화재로 화재 원인을 증명할 직접적인 증거물은 찾기 어려운 상황이었지만, 연구원들이 집념을 갖고 끝까지 화재 현장을 조사해 원인을 밝혀냈다.

2008년 1월 7일 오전 경기도 이천의 냉동 물류창고에서 화재가 발생했다. 많은 작업자가 사망하고 건물이 전소되는 큰 화재였다. 건축 중인 대형 물류창고로 지하 1층 지상 2층 규모에 면적이 23,338㎡에 이르러 꽤 큰 편이었다. 2007년 11월, 사용 허가를 받아 공사가 진행되었고 2008년 1월 12일 영업을 시작하기 위해 마지막 마무리 작업을 하던 중이었다.

사고 당일, 기온은 약 영하 0.5℃로 겨울 날씨 치고는 그렇게 춥지는 않은 날이었다. 건물 내부 곳곳에서 57명의 인부가 작업을 하고 있었는데, 불이 삽시간에 번지면서 건물을 뒤덮었고 유독가스와 연기 등이 가득 찬 암흑의 공간에서 작업자 대부분이 빠져나오지 못했다. 창고 내부는 축구장 넓이의 두 배 정도였고, 어둠속에서 폭풍처럼 밀려오는 화마를 피해 출구를 찾기란 불가능한 일이었다. 화재는 발생

후 약 8시간 만에 소방대에 의해 진화되었지만, 결국 40명의 희생자가 발생하고 17명만이 구조되었다.

워낙 사망자가 많은 대형재해 사건이라, 수사당국에서는 바로 국과수에 사망자의 신원 확인과 더불어 화재의 원인을 규명해달라고 의뢰해왔다. 이에 국과수는 관할 수사 기관인 경기지방경찰청과 이천경찰서의 수사 지원을 위해 급히 화재원인규명팀과 더불어 신원 확인을 위해 긴급대응팀, 정보수집팀, 법의부검팀, 법치의학팀, 유전자분석팀 등으로 구성된 '집단사망자 관리단DVI, Disaster Victim Identification'을 발족하여 현장에 파견하였다.

현장에 도착한 집단사망자 관리단은 맨 먼저 유가족 설명회를 열고 변사자들에 관한 자료를 수집하는 한편, 시신의 검안을 실시하였다. 사건 다음 날인 1월 8일에 12구의 시신을 검안하고, 19구의 시신을 부검하면서 16명의 신원을 확인하였다. 사망자의 신원 확인이 진행되는 동안 화재원인규명팀도 이천으로 즉시 이동해 조사를 진행했는데, 화재 진압 과정에 뿌려진 물 때문에 지하층이 잠긴 상태라 현장 투입이 어려워 물이 다 빠질 때까지 조사를 미뤄야 했다.

잿더미에서 밝혀낸 화재의 원인
—

화재 수사는 그 발생 원인이 무엇인지를 규명하는 것에서부터 시작한다. 만약 화재 현장에서 타다 남은 전선의 단락흔(전선이 합선되어 부식된 부분의 흔적)이 발견되면 전기 화재로 인한 발화인지 집중적으로 밝혀내고, 담배꽁초가 발견되면 이로 인해 화재가 번져간 흔적이 있는지를 찾고, 라이터나 전기 화로가 화재 현장에 있을 경우 그 착화 장치에 사용한 흔적이 있는지를 찾는다. 또한 도시가스 같은 연료 가스관이 고의적으로 절단된 손상 흔적은 없는지, 가스 연결관이나 코크가 열려 있지는 않은지 관찰해 가스 누출로 인한 폭발로 화재가 발생했을 가능성을 검토해본다. 이 밖에 누군가 인화성 물질을 뿌리고 방화했을 가능성을 염두에 두고 석유류 냄새가 나는지 확인하거나 최초 발화 지점 주위에서 물에 젖은 물질을 채취하여 인화성 물질인지 확인해 화재의 원인을 밝히기도 한다.

화재 원인을 밝혀내기 위해서는 무엇보다 가능한 한 빨리 연소 방향을 찾아내야 하고, 화재 발생 당시의 상황이나 냄새(악취), 연기, 불기둥 모양 등의 정보를 수집하기 위해 목격자나 화재 발견자, 소방대원 등을 자세히 탐문해 조사에 참고한다. 이 밖에 화재 당시의 기상 상태를 체크하거나 다른 범죄 사건에서처럼 현장 기록을 위한 사진 촬영 또한 기본이다.

이번 냉동 물류창고 화재 사건에서는 화재 원인을 찾기 위해 동원된 인원이 총 70여 명에 이르렀고, 8번에 걸쳐 현장 조사를 실시했다. 목격자의 진술과 화재의 진행 방향 등을 전반적으로 검토하여 창고 건물 중 13번 방으로 발화 지점이 좁혀졌다. 조사 결과 13번 방에서 시작된 불길은 천장의 우레탄폼과 단열 스티로폼 등을 연소시키면서 폭발적으로 연소를 일으켰고, 인부들의 탈출 속도보다 더 빠르게 무서운 속도로 번져나간 것으로 보였다.

그러나 화재원인규명팀이 13번 방 현장에 도착했을 때는 구조물의 쓰러진 방향과 화염의 압력 분출 방향 등은 고스란히 남아 있었지만, 심한 연소로 인해 발화의 원인이 되는 최초 불씨를 찾기가 어려웠다. 현장 조사에서 채취한 증거물을 바탕으로 컴퓨터 시뮬레이션을 통해 화염의 이동 방향을 추적해보았다. 일주일이 넘도록 연구원들이 현장에서 수거한 잿더미들을 가지고 씨름한 끝에 드디어 발화 지점이 밝혀졌다. 이번 사건에서 불행 중 다행인 건 발화 지점 주위를 조사한 결과, 가까운 곳에 우레탄 200ℓ 통 15개가 쌓여 있었는데 여기에 불이 붙지 않은 것이었다. 만약 여기에 불이 붙었더라면 우레탄에서 유독가스인 청산가스가 발생해 더 큰 인명 피해가 있었을 것이다. 결국 이번 사건은 공사 중이라 장애물들과 소방 시설의 미비로 화재의 초기 진압이 쉽지 않았고, 작업자들을 인솔하는 감독자조차 없어 대형사고로 번진 것으로 결론이 내려졌다.

암흑을 이겨내고 공중에 매달려 고군분투하다
—

이천 냉동 물류창고 화재 당시 나는 법과학부장으로 약독물과, 마약분석과, 화학분석과, 물리분석과, 교통공학과의 업무를 총괄하고 있었다. 약독물과, 마약분석과의 경우는 오랫동안 실무를 해왔고 과장경험도 있기 때문에 업무 파악에 어려움이 없었지만 교통공학과와 더불어 물리분석과의 업무는 늘 부담감이 컸다. 물리분석과 업무 중에서 특히 화재 원인을 규명하는 화재연구실 쪽은 항상 일이 많고, 업무자체가 워낙 힘들어 마음이 많이 쓰였다. 이 때문에 이번 사건에서는 아무래도 현장에 직접 가보는 게 낫겠다는 판단이 들어 이천으로 향했다.

현장에 도착하였더니 경기청 과학수사반, 이천경찰서 직원들과 국과수 연구원들이 화재 현장 근처에서 추위를 피해 텐트를 치고 감정 업무를 진행하고 있었다. 바로 방독면을 쓰고 현장 작업복으로 갈아입고 직접 화재 현장에 들어갔다. 축구장 크기의 두 배 정도라는 이야기는 들었지만, 실제로 가보니 정말 규모가 어마어마했다. 게다가 전기가 안 들어와 서치라이트 불빛을 따라 이동했는데, 불빛에 비친 공기에는 떠다니는 분진이 가득했고 화재 잔사 속에 만들어진 좁은 통로로 이동하다 보니 더욱 광활한 느낌이었다.

한참을 돌아 현장의 중간 위치쯤에 갔더니 연구원들이 스카이 잭을 타고 천장의 전선을 체크하는 모습이 보였다. 분진으로 가득한 깜깜한 곳에서 서치라이트와 손전등에 의존하며 스카이 잭을 타고 증거물을 찾고 있는 그들의 모습을 보니 마음이 아려왔다. 극한 환경 속에서도 화재의 원인을 찾으려고 애쓰는 그들에게 일종의 경건함마저 느껴졌다. 화재 현장을 한 바퀴를 돌고 밖으로 나오자마자 갑자기 어지럽고 속이 불편하며 머리가 띵해져 바닥에 주저앉았다. 방독면을 쓰고 잠시 머무는 것도 이렇게 힘이 드는데, 며칠째 분진과 악취 속에서 고군분투하는 연구원들을 생각하니 마음이 무거워졌다. 서치라이트 불빛 한 줄기에 의지해 까맣게 타다 남은 조각, 전선 하나하나에 온 정성을 기울이며 몇 날 며칠을 씨름하는 일은 사명감 없이는 불가능한 것이기에 마음이 뭉클했다.

어떻게 여행 온 지 한 시간 만에 죽을 수 있나요?

—

이천 물류창고 화재 사건이 발생한 이듬해 외국인을 포함해 10명 이상이 화재로 사망한 또 다른 대형화재 사건이 발생했다. 2009년 11월 14일, 한국법과학학회를 마치고 오랜만에 토요일 오후를 여유롭게 보내고 있는데 오후 3시가 조금 넘어 화재연구실 김 실장으로부터 다급한 전화가 걸려왔다. 부산의 사격장에서 화재가 발생했는데 인명 피해가 크다는 보고였다.

화재는 부산 신창동 가나다라 사격장에서 발생한 것으로, 불은 30분 만에 꺼졌으나 일본인 관광객 10명, 한국인 5명의 사망자가 발생한 대형화재였다. 일본 관광객들은 2개의 여행사를 통해 사격장을 찾았는데 나가사키현 운젠시의 한 중학교 동창생 9명과 그들과 다른 여행사를 통해 온 2명으로, 하루 꼬박 고속 페리를 타고 부산에 도착해 바로 국제시장에 관광을 나섰다가 변을 당한 것으로 알려졌다.

사격장은 밀폐된 공간인데다가 가연물이 많아 연소가 폭발적으로 진행되었고 유독가스도 심해 인명 피해가 컸다. 10명의 일본인 사망자의 시신은 6일 만에 항공편으로 운반되었고, 45%의 화상을 입은 유일한 생존자인 일본인 관광객은 33일 만에 고향으로 돌아갔다. 일본인들 외에도 한국인 가이드 2명, 사격장 종업원 3명 등 한국인 5명이 사망했다.

외국인이 포함된 인명 피해가 큰 사건인 만큼, 바로 서울 본원을 주축으로 각 분원의 전문가로 구성된 연합화재조사팀이 화재 조사를 위해 현장으로 출동했다. 또한 화재 사건의 경우 피해자들 모두 화상의 정도가 크기 때문에 신원 확인이 쉽지 않아 이를 위한 신원확인팀이 꾸려졌고, 사망자들의 사인을 밝히기 위한 부검팀도 함께 부산으로 출동했다. 국과수 연합화재조사팀은 부산청 과학수사반 직원들과 함께 현장에서 발화 원인과 발화 지점을 찾기 위해 몇 번의 현장 조사를 실시했다. 사망자 가운데 시신 7구가 2층 사격장 앞 휴게 공간에서 발견된 것으로 보아 불이 휴게실 쪽에서 먼저 발화되었다는 추측도 있고, 화재 당시 '펑' 하는 소리가 났다는 참고인 진술에 따라 사격총의 잔류 화약에 불이 붙어 폭발했을 가능성도 제기되었다.

사격장은 5명이 동시에 사격을 할 수는 구조로 되어 있었는데, 조사 결과 사격장 내부는 불에 크게 타지 않았고 탄약고 또한 불이 붙지 않아, 탄약고에서 폭발이 일어나 불로 번졌을 가능성은 없어 보였다. 그런데 사격장 내부 외에는 연소가 심하게 진행되어 발화 지점이나 발화 원인을 찾기가 쉽지 않았다.

시신이 가장 많이 발견된 휴게실 주변을 집중적으로 조사해보았지만, 출입구와 근접한 공기의 흐름이 좋은 곳이라 이곳을 발화 지점이라고 하기엔 여러 조건과 맞추어볼 때 맞지 않았다. 이에 혹시 전기로 인한 문제는 아니었는지, 전선을 하나하나 체크해보았지만 화재의 원인이 될 만한 부분은 없었다.

그런데 사격장 내부를 조사하던 중에 김 실장이 발사대 안쪽의 출입문이 밖으로 휘어져 있고, 손잡이가 녹아내릴 정도로 심하게 훼손된 것을 발견했다. 발사대 바깥쪽 손잡이는 형태를 그대로 유지하고 있는 것으로 보아, 발사대 안쪽에서 폭발성 화재가 발생해 화염이 번져 나간 것으로 추정되었다. 1사대부터 5사대까지 꼼꼼히 조사하던 연구원은 5사대 앞에서 진공청소기를, 1사대 앞에서 가연물 적치 장소가 있는 것을 발견하였다. 그리고 그 앞에서 발화 흔적을 찾았지만, 다 탄 후 잔사만 남아 있어 이곳이 바로 발화원이라는 것을 증명하기가 어려웠다.

CCTV 18초 지점을 주시하라!

—

조사 도중에 그 당시를 녹화한 사격장의 CCTV 영상이 언론을 통해 공개되었다. 그런데 공개된 영상은 당시 상황에 관한 의문점만 키웠다. 일본인 관광객 11명이 9명과 2명으로 나뉘어 사격장으로 입장하는 장면과 화재 신고 2분 전쯤 일본인 관광객 2명이 2개 사대에서 권총 사격을 하는 장면이었는데, 2분여 사이에 큰 인명 피해를 입힌 화재가 발생했다는 게 이해되지 않는다는 것이었다. 그리고 언론에서는 사격장 내부에 있던 8대의 CCTV 중 하필 발화 지점을 향해 설치된 2번 CCTV가 고장 나서 작동하지 않았고, 정상 작동한 나머지 CCTV에도 화재 직전의 장면이 하나도 녹화되지 않았다는 점이 의심스럽다고 보도했다.

결국 경찰은 CCTV 본체를 국과수에 의뢰하기로 했다. 먼저 영상연구실에서 경찰이 의뢰한 CCTV 본체에 담긴 녹화 영상을 재생해서 보았는데 일본인 관광객이 사격하는 장면만 있고 이후 화재 장면은 전혀 나타나지 않았다. 그런데 1차 분석 도중 아주 중요한 사실을 발견했다. 시스템로그 기록(CCTV 시스템의 상태를 시간과 함께 기록)상에는 15시

24분 00초에 CCTV 전원이 차단된 것으로 나타났는데, CCTV 영상의 마지막 장면은 15시 23분 42초에 녹화되어 있었다. 이에 영상연구실에서는 소실되었거나 비정상적으로 녹화된 18초 동안의 영상에 사건의 답이 있을 거라 직감했다.

일단 찾고 보자는 일념으로 온 직원이 한마음으로 2차 분석에 돌입했다. 영상 파일의 저장 포맷을 하나하나 분석하는 과정에서 드디어 잃어버린 18초에 해당되는 영상 데이터를 찾아냈다. 그 순간의 화면이 저장되지 않은 것은, CCTV 영상 데이터를 재생하기 위해 필수적으로 필요한 부가 정보(영상 데이터의 위치, 녹화 시각, 카메라 번호 등)가 미처 저장되기도 전에 화재로 인한 정전으로 시스템 전원이 차단되었기 때문이다. CCTV 시스템이 비정상적으로 종료되었기 때문에 부가 정보가 미처 기록되지 않은 분량은 재생되지 않았던 것이다. 그런데 그렇게 소실된 18초의 화면을 찾아내다니, 무에서 유를 찾는 국과수 영상연구실의 기술이 놀라웠다.

예상한 바대로 잃어버렸던 18초 분량의 화면에 발화의 순간이 고스란히 담겨 있었다. 1번 사대 앞에는 풍선이 가득 쌓여 있고, 3번 사대에서 한 관광객이 총을 쏘기 위해 완벽한 사격 자세를 취하고 있다. 그 뒤에는 사격장 종업원도 함께 서 있다. 이어 3번 사대의 관광객이 사격 후 총을 내려놓는 순간, 1번 사대 앞에서 불길이 확 번졌다. 그 짧은 순간에 불길이 크게 번지다니 눈으로 확인하면서도 믿기 어려울 정도였다.

CCTV를 복원한 덕분에 이 사건이 일본의 야쿠자와 관련 있다는 등 온갖 루머를 잠재울 수 있었다. 경찰은 최종적으로 1번 발사대 아래에 있던 여러 개의 풍선과 쓰레기, 청소 도구 등에 잔류 화약이 촉매제 역할을 하면서 불이 크게 번진 것으로 결론을 맺었다. 잔류 화약은 총을 쏠 때마다 화약 중에서 연소되지 않고 외부로 배출되는 것을 가리키는데, 일반적으로 화약 중 약 10% 정도의 양이라고 한다. 미량이어서 눈에 잘 보이지는 않지만 오랫동안 방치하면 이것이 축적되어 순간적인 불꽃에 반응해 화재가 발생할 수 있다고 전문가들은 추정하였다.

외국인 사상자도 있는 데다 부검팀과 화재조사팀이 현장 출동을 했기 때문에 나도 직접 부산대 병원과 화재 현장을 방문했다. 사고 현장은 국제시장에 위치해 있었는데 시장의 좁은 길을 지나 도착하고 보니 의외로 건물은 작아 보였다. 방독면과 실험복을 입고 1층 옷가게를 통해 2층으로 들어갔는데 어디가 어디인지 분간하기 어려울 정도로 현장이 전소되었고 화재 잔사만 남아 있었다. 화재연구실 직원들은 전형적인 화재 냄새와 분진이 가득한 곳에서 벌써 3일째 꼬박 화재 원인을 조사하고 있었고, 이를 위해 고군분투하는 그들의 모습에 마음이 찡했다. 화재 현장을 둘러보고 시장 길을 걸어 나오는데, 대기하던 기자 중 한 명이 급하게 다가와서 나에게 유가족이냐고 물었다. 한 여성이 화재 현장에서 나오니 기자 입장에서는 누구인지 궁금해 할 수도 있겠다는 생각이 들었다.

이번 사건은 잔류 화약 등의 관리 소홀로 업무상 주의 의무를 위반한 사격장 업주와 관리인에게 각각 금고 3년형을 내리면서 마무리 되었다. 설마 하는 안전 불감증이 실제 큰 사고로 이어질 수 있다는 사실을 보여준 대표적인 사례였다. 각자 안전에 대해 철저하게 의식하고 있었으면 이 같은 사건의 발생을 막을 수 있었을 텐데 안타깝다. 나중에 일본인 유족들이 남긴 "어떻게 다른 나라에 온 지 한 시간 만에 죽을 수 있습니까?"라는 유일한 한마디가 마음에 사무치게 남았다.

사회의 **어두운 조각**을 **수집**하는 사람들

___

3장

국과수 사람들 이야기

범인이 지나간 곳에는
흔적이 남는다

: 미세물질실

미세한 물질에 담긴 정보를 읽어내다

—

1910년 세계 최초로 프랑스에 과학수사연구소를 차리고 '프랑스의 셜록 홈스'로 불리던 에드몽 로카르^{Edmond Locard}는 "두 개의 물체가 접촉하면 반드시 두 물체에 묻어 있는 물질이 교환된다"며, 현장에서 발견된 섬유나 머리카락 등의 미세한 흔적을 증거로 범인을 찾아낼 수 있다고 말했다. 눈에 잘 보이지도 않는 작은 물질로 어떻게 범인을 찾을 수 있을까? 놀랍게도 국과수 연구원들은 섬유 한 올에서도 범인을 찾을 수 있다는 가능성을 믿고 도전한다. 피해자가 범인과 실랑이를 벌이는 과정에서 피해자의 손이나 옷에 범인이 입은 옷의 섬유가 묻게 마련이고, 심한 실랑이라도 벌이면 손톱 밑에 범인의 유전자가 묻을 수도 있다. 이런 눈에 보이지도 않은 작은 물질은 테이프로 일일이 피해자의 손이나 접촉 부위를 찍어 누른 뒤, 테이프에 전이되는 것을 현미경으로 보면서 종류를 확인하고, 범인의 옷과 비교하면서 과학수사를 지원한다. 미세한 섬유 한 올로 최대치의 정보를 끌어내야 하니, 그 과정이 얼마나 정교하고 까다로운지 모른다. 테이프에 전이된 가는 섬유를 현미경으로 하루 종일 노려보다가 일과를 마무리할 때가 되면 눈이 너무 피곤해서 눈을 질끈 감고 집에 가고 싶다는 직원들의 이야기를 들으면서 늘 안쓰러웠다.

국과수에는 항공기 사고, 교통사고, 교량 붕괴 사고 등과 같이 커다란 증거물과 씨름하는 팀들이 있는가 하면, 섬유, 모발, 손톱, 페인트 조각 등 아주 작은 물질들과 씨름하며 수사를 지원하는 미세물질실이 있다. DNA처럼 범인을 정확하게 특정하지는 못하지만 매일같이 섬유한 올, 한 올을 살펴보면서 용의자를 식별할 과학적 증거를 찾아낸다. 섬유 외에 범죄 현장에서 가장 많이 발견되는 모발의 경우, 모근이 있다면 손쉽게 DNA 검사를 진행할 수 있지만 그렇지 않은 경우에는 미세물질실에서 실험을 통해 범인의 영양 상태, 신체, 나이, 직업 등을 파악해 용의자선상을 줄이도록 도와준다.

운동화에 묻은 이물질로 숭례문 방화범을 찾아내다
—

"민족의 혼이 죽고, 역사가 없는 나라"라며 온 국민이 안타까워했던 숭례문 화재 사건에서도 미세물질실은 커다란 역할을 해냈다. 2008년 2월 10일, 600년이 넘도록 우리에게 자긍심을 심어준 국보 1호 숭례문이 화재로 전소되었다는 소식을 듣자마자, 화재연구실이 화재 원인을 규명하기 위해 부랴부랴 현장으로 출동했다. 국보가 타버렸다는 소식에 현장으로 떠나는 화재연구실 소속 연구원들의 표정은 여느 때보다도 숙연하고 우울해 보였는데, 당시 법과학 부장이던 나도 불안한 마음을 감추지 못하며 현장으로 출동하는 연구원들을 배웅했다.

화재연구실은 서울경찰청 과학수사팀 등 우리나라 화재 전문가로 구성된 연합팀과 함께 전기 시설에 의한 누전 가능성, 방화 가능성 등을 다각적으로 검토하면서 현장 조사를 실시했다. 비록 다 스러져내렸다 해도 기둥 하나하나, 기와 하나하나가 대한민국의 역사를 품고 있다는 생각에 연구원들은 조사에 온 힘을 쏟았다. 현장 조사 결과 숭례문 2층에는 아예 전기 시설이 없었고, 1층의 조명등은 누전 차단기가 있어 전기에 의한 화재의 가능성은 없었다. 다시 현장을 샅샅이 살펴보던 중 숭례문 1층에서 일회용 라이터 2개와 불에 탄 나뭇조각 등이 발견됐다. 라이터가 발견되었다면 방화일 가능성이 크니, 화재연구실은 방향을 전환하여 방화를 증명할 증거물을 찾는 데 주력했다. 방화에는 시너 등 유류를 이용하는 것이 일반적인데, 이러한 가연성 물질은 연소된 후 잔류물을 남기기 때문에 이를 조심스럽게 채취해 시너 등의 성분이 확인되는지 살펴보기로 했다.

화재연구실에서 화재 현장의 증거물을 찾는 동안, 경찰은 목격자들의 진술을 확보해나갔다. 60대로 보이는 남성이 휴대용 철제 사다리를 타고 숭례문으로 넘어 들어가는 것을 보았다는 사람도 있었고, 화재를 신고한 택시기사는 50대로 보이는 남성이 쇼핑백을 들고 숭례문에 올라간 지 얼마 지나지 않아 불꽃과 함께 연기가 솟아올랐다고 했다. 실제로 화재 직전 무인 경비 시스템에서 외부의 침입을 알리는 경보음이 울렸다는 사실을 파악한 경찰은, 침입자가 있었음을 확신하고 화재 당시의 상황이 찍힌 주변 건물의 CCTV를 확보하여 범인을 찾는데 총력을 기울였다. 방화로 인한 화재임이 확실해지자 수사관들은 2004년 이후의 범죄 기록이 수록된 데이터베이스를 활용하기로 했다. 이 데이터베이스는 범인의 범행 수법, 성장 과정, 외모와 특징, 사법 처리 결과 등 웬만한 내용을 모두 포함하고 있어 재범일 경우 범인을 밝혀내는 데 아주 결정적인 역할을 한다. 이 시스템을 효과적으로 사용하기 위해서는 시스템에 입력할 키워드를 잘 선정하는 것이 중요한데, 수사관이 '방화'와 '문화재'라는 키워드를 입력했더니 놀랍게도 3명의 용의자가 검색되었다. 그중 2명은 수감 중이어서 남은 한 명인

A씨가 가장 유력한 용의자로 지목되었다. 목격자들의 진술과 비교했을 때 외모와 특징이 일치해, 화재 발생 23시간 만에 용의자를 체포하는 개가를 올릴 수 있었다. 경찰 조사에 따르면 A씨는 10일 오후 8시 45분께 숭례문 서쪽 비탈로 올라가 접이식 알루미늄 사다리를 이용해 건물 안으로 침입한 다음, 2층 누각에서 페트병에 담아온 시너를 바닥에 뿌리고 일회용 라이터로 불을 붙였다고 했다. 토지 보상 문제에 불만을 품고 홧김에 방화를 저질렀다는데 그는 2006년 창경궁 방화 사건도 같은 이유로 저질렀다고 자백했다.

경찰 측은 용의자가 현장에 있었다는 사실을 입증하기 위해 그가 화재 현장에 입고 갔던 의복, 신발, 모자 등과 더불어 용의자 집에서 수거한 남은 시너를 국과수에 의뢰했다. 그리고 숭례문 서쪽 누각 기둥에 칠해져 있던 페인트, 목재, 콘크리트를 대조 증거물로 함께 의뢰했다. 미세물질실에서는 화재연구실이 미리 현장에서 채취해온 연소 잔류물과 경찰의 의뢰물로 분석을 실시했다. 먼저 연소 잔류물, 옷가지, 신발을 갖고 실험했더니 모두에서 시너 성분이 검출되었다. 이어 그 성분이 용의자의 집에서 발견한 시너와 같은 성분인지에 관한 실험을 진행했다. 감정 결과는 예상대로 현장에서 수거한 연소 잔류물과 용의자 집에서 압수한 시너 성분이 동일했으며, 용의자 의복, 신발, 모자에서도 동일한 시너 성분이 검출되어 용의자가 시너를 이용하여 방화한 사실을 과학적으로 증명할 수 있었다.

용의자가 숭례문에 갔다는 사실 또한 증명해야 했는데 담당 연구원은 용의자의 운동화에 숭례문에 칠해진 페인트가 묻었을 가능성을 생각해냈다. 흰색 운동화를 꼼꼼하게 살펴보았지만 눈으로는 어떤 흔적도 발견할 수 없었다. 그래도 혹시 하는 마음과 확실히 하고 싶은 마음에서 운동화를 현미경으로 관찰하기로 하였다. 운동화를 현미경으로 검사하는 일이 쉽지는 않았지만 조금씩 움직이며 관찰하다 보니 현미경을 통해 운동화 앞 부위에 희미한 붉은색이 보였다. 중요한 증거가 될 것 같아 붉은 물질을 자세히 분석해보았다. 각종 장비를 이용해 실험을 진행한 결과, 운동화 앞 부위에 묻은 붉은색 물질이 숭례문 서쪽 기둥에 칠했던 페인트 성분과 동일한 것임이 밝혀졌다. 숭례문 누각의 페인트는 일반 페인트와 다르기 때문에, 용의자의 운동화에 묻은 붉은색 성분과 누각의 페인트가 일치한다는 것은 용의자가 숭례문 방화범이라는 사실을 확실하게 증명해주는 것이다. 이 감정 결과는 비록 사소하지만 CCTV 녹화 영상과 더불어 용의자가 현장에 있었음을 확증하는 강력한 자료가 되었다. 숭례문 화재 사건을 겪으면서 나는 화재의 원인을 규명하기 위해 밤낮없이 현장을 찾았던 화재연구실과 육안으로는 보이지도 않는 것에서 완벽한 증거를 찾아낸 미세물질실의 끈기에 감탄했다. 숭례문이 힘겨운 시기를 겪을 때 비록 조그마한 힘이지만 보탬이 되었다는 생각 때문인지 복원된 숭례문을 지나칠 때마다 몇 번이고 다시 돌아보게 된다.

나는 밀지 않았어요

—

미세물질실의 노력으로 하마터면 억울한 누명을 쓸 뻔한 사람이 구제된 경우도 있었다. 어느 해 여름 한 여성이 15층 건물 아래로 추락

한 사건이 발생했다. 같이 있던 내연남이 바로 119에 신고해 긴급 출동한 구급대원이 응급조치를 취했으나 끝내 사망하였다. 내연남에 따르면 말싸움 끝에 화를 참지 못한 여성이 옥상 난간으로 올라가 한쪽 다리는 난간 밖으로 다른 쪽 다리는 난간 안쪽으로 하고 걸터앉아 뛰어내리겠다고 위협하다 정말로 뛰어내렸는데, 그 순간 여성의 팔목을 잡았으나 힘에 부쳐 여성이 떨어지는 것을 막지 못했다고 했다. 내연남은 자신의 결백을 주장했지만 사건 발생 당시 옥상에는 변사자와 내연남만 있었고 목격자가 없었기 때문에, 그의 진술 내용에 확인이 필요했고 내연남이 밀어서 여성이 떨어졌을 가능성도 배제하지 않고 수사를 진행했다.

수사관들은 변사자의 치마와 구두는 물론이고 속옷, 혈액, 손톱, 그리고 내연남의 옷가지와 구두를 국과수에 의뢰했다. 미세물질실에서는 먼저 변사자의 혈중 알코올 농도를 측정하였다. 측정 결과 변사자의 혈중 알코올 농도는 0.11mg/ℓ로 만취 상태였다. 변사자의 손톱을 현미경으로 관찰하였더니 다수의 검정 섬유가 붙어 있었는데 이들 섬유를 분석한 결과 검정 모직 섬유였다. 내연남의 정장이 검은색이어서 검은색 정장의 섬유와 비교 실험을 했더니 형태와 성분이 일치하였다. 또 변사자의 구두에는 녹색 페인트가 묻어 있었고, 내연남의 셔츠 가슴 부위에도 같은 색 페인트가 묻어 있어, 비교 실험을 해보니 동일한 것임이 밝혀졌다. 이 녹색 페인트가 어디에서 유래되었는지, 어떻게 두 사람에게 묻게 되었는지 설명이 필요했다. 그래서 변사자가 추락했다는 장소의 상황을 살펴보기 위해 연구원들이 현장으로 갔다. 현장 주변을 살펴보니 변사자가 추락한 곳에는 약 1.3m 높이의 콘

크리트 난간이 설치되어 있었고, 난간 밖에는 현수막이 걸려 있었다. 난간 안쪽과 현수막에는 변사자의 신발 자국으로 추정되는 흔적들이 남아 있었다. 변사자가 앉아 있었다고 진술된 난간 주변을 테이프로 조심스럽게 전이하였고, 옥상 난간의 녹색 페인트 부위에서도 대조할 물질을 채취하였다.

현장에서 난간 위를 전이해온 테이프를 현미경으로 관찰해보니, 무색 폴리에스테르 섬유와 분홍색 면섬유가 발견되었다. 이 섬유가 어디에서 나온 것인지 파악하기 위해 내연남과 변사자의 옷을 비교해보니, 무색 폴리에스테르는 내연남의 셔츠 섬유와 동일했고, 분홍색 면섬유는 변사자의 속옷 섬유와 같았다. 또한 옥상 난간의 페인트와 변사자 구두에 묻어 있는 페인트 및 내연남의 셔츠 가슴 부위에 묻은 녹색 페인트도 실험 결과 동일한 것으로 확인되었다.

이 모든 감정 결과를 종합해보면, 옥상 난간 바로 안쪽에서 변사자의 구두 자국이 3개 발견되었고 난간 위쪽에서 변사자의 분홍색 속옷 섬유가 채취된 점으로 보아 변사자는 난간을 딛고 올라가 걸터앉아 있었음을 추정할 수 있었다. 그리고 난간 안쪽에서 검출된 내연남의 구두 자국 및 내연남의 셔츠에 묻은 녹색 페인트는 사건 당시 내연남이 난간에 강하게 밀착하여 변사자를 끌어올리려고 애썼음을, 변사자의 손톱에서 발견된 내연남 옷의 섬유는 변사자가 내연남을 붙잡고 매달렸음을 말해준다. 그 어느 것에서도 내연남이 여성을 떠밀어 추락시켰다는 증거를 발견할 수 없었다. 미세물질실의 수고 덕에 내연남은 자신의 결백을 증명할 수 있었다.

무의식의 세계를 환기하다

: 범죄심리실

최면술로 찾은 뺑소니 범인

—

2001년 1월, 자정이 가까운 때 대구 대명동의 한 신호등 없는 교차로에서 직진하던 차량과 좌회전하던 오토바이가 충돌하는 사고가 발생했다. 오토바이 운전자가 그 자리에서 사망했고, 차량 운전자는 현장을 방치한 채 도주해버렸다. 교통사고의 경우 무엇보다 목격자의 진술이 중요한데, 늦은 시각이었지만 다행히 도주 차량을 목격한 사람이 있었다.

그런데 안타깝게도 사고의 목격자는 도주 차량의 번호판에 1과 9가 들어간 것은 확실히 기억해냈지만, 정확한 차량 번호를 기억하지 못했다. 두 자리 숫자만으로는 도저히 도주 차량을 찾기 어려워 고민하던 차에, 대구지방경찰청의 과학수사 계장이 법최면 기법을 제안했다. 목격자가 무의식 상태에서는 차량 번호를 기억해낼지도 모른다고 생각했던 것이다.

대구지방경찰청의 요청을 받은 국과수의 함 실장은 그 당시 법최면이 수사에 활발하게 사용되던 때는 아니었지만 일단 시도해보기로 결정했다. 그는 대구에 직접 내려가 30대 목격자와 만나서 최면을 걸기 위해 별도로 확보된 조용한 공간으로 이동했다. 우선 목격자를 편안한 의자에 앉게 하고 최면을 걸었다. 최면을 유도하는 과정은 4단계로 이루어져 있는데 1단계는 목격자의 주의를 고정하고 자발적인 움직임을 제한하는 것이다. 그다음 2단계에서는 "당신의 눈이 무거워질 겁니다" "눈을 깜박거리게 될 것입니다" 등 어떤 일이 곧 일어날 것이라고 미래 시제를 이용하여 이야기해 목격자의 기대감을 높인다. 그리고 3단계에서는 "당신의 눈이 방금 깜빡거렸습니다" 하는 식으로 현재 시제를 이용하여 기대감을 더욱 강화시키고, 마지막 4단계에서는 "당신의 눈이 감기면 당신은 깊은 이완 상태로 빠져들게 됩니다. 당신의 눈이 감길 때 내가 당신의 어깨를 누를 텐데, 이는 당신이 더 깊은 이완 상태에 빠져들 수 있도록 도와줄 것입니다" 하며 최면 상태에 완전히 몰입하도록 한다.

사고의 목격자에게 1단계부터 단계별로 최면을 걸었는데 최초의 암시에 바로 반응했다. 최면 상태에 빠진 목격자에게 사고 현장에서 그가 본 차량의 번호를 묻자 그는 9601, 9610, 9016 등의 번호를 회상하였다. 특히 목격자가 첫 숫자는 정확하게 9였다고 확신했는데, 이를 근거로 9로 시작하는 번호 중 0, 1, 6의 조합으로 이루어진 차량 번호를 찾기로 했다.

또한 목격자는 최면 과정에서 차량의 종류는 파란색 계통의 스쿠프이며, 차량 옆부분에 'Y' 자가 새겨진 스티커가 부착되어 있다는 것을 기억해냈다. 함 실장은 최면 결과를 대구지방경찰청에 통보했고, 경찰청에서는 이를 바탕으로 차적 조사를 실시해 한 정비소에서 수리를 위해 입고되어 있던 해당 차량을 찾아냈다.

최면 검사를 통해 범인을 체포한 또 다른 경우도 있다. 2003년 4월경부터 충남의 당진, 예산 등지에서 트럭을 운전하는 용의자가 등하교 길의 초등학생, 중학생들을 유인해 한적한 곳으로 끌고 가 성폭행한 사건이 잇따라 발생했다. 피해 학생들은 용의자가 운전한 차가 파란색 트럭이며, 번호판 앞자리에 3이 들어간다고 했지만 그것 말고는 기억하지 못해 용의자를 검거하는 데 어려움을 겪는 중이었다. 혹시 최면 상태에서는 번호판을 기억하지 않을까 하는 기대감에 당진경찰서는 국과수에 피해 어린이들의 최면을 의뢰하였다.

어린 나이라 그런지 최면을 실시하자 1단계에서부터 빠르게 최면 상태에 돌입했다. 피해 어린이들은 차량 번호판이 3으로 시작하는 충남 ○○ ㄴ 3066이나 3866인데, 가운데 둥근 숫자가 있고 마지막 두 숫자도 둥근 형태인데 중복된다고 했다. 또 차량 내부에는 흰색의 핸즈프리와 강아지 인형, 바퀴가 하나 빠진 빨간 자동차 모양의 방향제가 있는 것도 기억해냈다. 차의 시트는 찢어져 있었고, 조수석 바닥에 노란색 자루도 있었다고 했다.

용의자의 인상착의에 관해서도 어린이들이 몇 가지 기억해냈는데, 목에 점이 하나 있었고 그 점 위에 털이 나 있었으며, 반팔 티셔츠와 노란색 계통의 바지를 입고 있었다고 회상했다. 최면 결과를 바탕으로 범인을 체포했더니 차량 번호가 피해 어린이들의 진술과 비슷했고, 차량 내부 모습은 또한 진술과 정확하게 일치했다. 목에 털이 난 점이 있다는 범인의 외모까지 정확했다.

최면으로 범인을 잡을 수 있을까?
—

최면이란 의식보다 무의식이 활동하는 상태인데, 잠과 달리 의식이 여전히 깨어 있는 상태이기 때문에 최면술사와 대화가 가능하다. 최면 상태에 빠지면 자기만의 세계에 몰입하기 쉬워지면서 최면술사의 암시와 유도에 따라 잊고 있던 과거의 기억을 떠올릴 수 있게 되는 것이다.

주로 주술사나 심령사가 시도했던 최면을 서양 의학에서 최초로 사용한 것은 1770년대의 일이다. 그리고 1840년, 영국에서 본격적으로 최면을 이용한 시술이 활발히 진행되기 시작해 의사인 엘리오트손이 최면 마취만으로 수차례 수술을 시도하기도 했다. 1880년경에는 프랑스의 의사 벨네임과 리에보가 공동으로 최면 치료에 성공을 거두자 프로이트를 비롯한 많은 의사가 그 방법을 배우려고 몰려들었다고 한다. 또한 제2차 세계대전 이후 참전 군인들의 신경 질환 치료에 최면이 효과가 있다는 것이 입증되면서, 1955년 영국 의학계에서는 최면을 정식으로 인정하였고 이어서 1958년 미국 의학계에서도 최면의 사용을 인정하기에 이르렀다.

우리나라의 경우엔 최면의 역사가 그리 길지 않은데 1997년, 한 정신과 전문의가 사건의 목격자에게 최면 기법을 통해 범인의 차량 번호를 회상하게 함으로써 이를 바탕으로 범인을 검거한 것을 시작으로 1998년 대한최면수사연구회가 창립되었다. 그리고 1999년에는 국과수의 범죄심리실에 최면 수사 전담 부서가 설치되면서 최면 수사가 본격적으로 시행되었다.

'법최면'은 최면 수사와 비슷한 의미로 범죄 수사에 최면을 이용하는 경우를 말한다. 사건 현장에 단서가 없고 목격자나 피해자만 있을 경우 이들에게 최면을 걸어 그 당시 기억을 떠올리게 함으로써 수사에 필요한 단서를 얻는 것이다. 앞선 사례처럼 경우에 따라 아주 결정적인 역할을 할 때도 있다. 급격히 발생하는 충격적인 상황에서는 심리적 외상 충격으로 의식 상태에서는 그 당시 사건을 전혀 기억하지 못할 수도 있기 때문이다.

2003년 10월 구로동에서 갓 신혼생활을 시작한 부부에게 끔찍한 일이 발생했다. 아내가 먼저 집으로 귀가하는데 어떤 남자가 갑자기 뒤에서 나타나 돈을 갖고 있는지, 가족관계는 어떻게 되는지 재차 물으며 신부를 위협했다. 때마침 뒤이어 귀가하던 남편이 이를 목격하고 얼른 그 남자에게로 달려갔는데, 그 남자가 남편을 칼로 찔러 살해했다. 사건을 처음부터 끝까지 지켜보고 있던 아내는 심리적 외상 충격으로 인해 범인에게 위협받은 사실이나 범인의 인상착의 등 20~30분 동안 벌어진 사건 당시의 상황을 전혀 기억하지 못했다. 범인의 몽타주를 작성하지 못한 수사진은 애가 탈 수밖에 없었다.

목격자가 그 당시 상황을 전혀 기억해내지 못하자 법최면을 시도해보기로 했다. 사건이 벌어지고 일주일이 경과한 때, 함 실장이 아내에게 법최면을 실시했다. 남편을 잃고 괴로운 마음 상태에서 최면을 제대로 진행할 수 있을까 걱정했는데, 의외로 최면을 걸자 1단계에서부터 쉽게 범인의 인상착의 및 대화 내용, 그 당시 상황을 아주 자세히 회상했다. 법최면 도중 심리적인 외상에서 벗어나 편안하고 이완된 상태에서 범인의 외모를 자세히 묘사해냈고, 그 덕분에 범인의 몽타주를 작성할 수 있었다. 이 몽타주를 바탕으로 최근 출소자 등을 상대로 비슷한 인물을 추적해, 강원도 고성의 한 공사장에 숨어 있던 범인을 검거했다.

최면을 걸 때는 최면을 받는 사람이 편안하게 암시를 받아들일 수 있도록 우선 조용한 환경을 마련하고, 최면자와 피최면자의 라포(상담이나 교육을 위한 전제로 신뢰와 친근감으로 이루어진 인간관계)를 토대로 신뢰감을 형성하는 한편, 최면자의 권위를 느낄 수 있도록 해야 한다. 최면자는 자신의 암시가 받아들여질 것이라는 자신감을 갖는 것이 필요하다. 또한 언어적 소통뿐 아니라 비언어적인 의사소통도 중요한 요인으로 작용하며, 피최면자의 최면에 대한 기대감이나 긍정적인 태도 또한 최면 여부에 큰 영향을 끼친다.

물론 최면 수사를 통해 얻은 진술을 전적으로 신뢰하기는 어렵다는 전문가들의 지적도 있다. 사람들은 객관적 사실도 주관적으로 받아들여 기억 자체가 왜곡될 수 있기 때문이다. 이 때문에 최면 수사는 단서만 제공할 뿐 증거가 될 수는 없다는 사실을 염두에 두어야 한다. 실제로 국과수가 연간 150여 건의 최면 수사를 실시하고 있으나, 그중 10건 정도만이 사건 해결에 도움이 될 정도로 낮은 성공률을 기록하고 있다. 게다가 모든 사람이 최면에 걸리지는 않는다는 사실도 최면 수사의 또 다른 걸림돌이다. '최면에 걸리지 않겠다'고 강한 의지를 품고 있거나 최면 감수성이 높지 않은 사람은 아무리 노력을 기울여도 최면 상태에 빠질 수 없다. 이미 한 번 고통을 겪은 피해자들은 비록 최면 상태일지라도 그 당시 상황을 다시 떠올리고 싶지 않게 마련이다.

국과수에 근무하는 대부분의 연구원들은 자연과학을 전공했지만, 범죄심리과에 소속된 프로파일링, 법최면, 거짓말 탐지를 담당하는 연구원은 심리학을 전공한 경우가 대부분이다. 이곳에 소속된 연구원들은 정신적 질환을 겪고 있거나 중범죄를 저지른 범죄자들을 주로 인터뷰하곤 하는데, 어찌 보면 항상 우리 사회의 가장 어두운 면을 마주하고 있는 것이다. 늘상 그런 사연들을 접하면 무섭고 괴로울 법도 한

데, 범죄 없는 세상을 만들기 위해 많은 것을 감내하는 그들이야말로
어둠 속에서 빛나는 진정한 사회의 등불이다.

흔들리는 화면을 포착하라

: 영상연구실

누가 박 경위를 추락시켰는가?

—

2008년 9월 25일 오후 7시 40분경, 전라남도 신안군 흑산면 가거도 서쪽 73km 해상에서 불법 조업을 하던 중국 어선 2척을 검문하는 과정에서 우리나라 해양경찰청 소속의 박경조 경위가 중국인 선원이 휘두른 둔기에 머리를 맞아 바다로 추락한 사건이 발생했다.

보통 해경은 현장에 함정을 타고 출동하지만, 중국 어선을 단속할 경우엔 배의 크기 때문에 함정의 엄호를 받으며 고속 고무보트로 접근할 수밖에 없다. 그런데 보트는 파도가 높거나 야간에는 이동하기가 쉽지 않고 상대로부터의 공격에 노출되어 위험성이 큰 편이다. 사건이 발생한 당시에도 박경조 경위는 고속 고무보트를 타고 어선에 접근했다가 삽, 도끼 등으로 무장한 중국 선원들에게 공격을 당하고 바다에 추락했다. 박 경위는 실종 17시간 만에 사고 해역에서 남쪽으로 6km가량 떨어진 곳에서 숨진 채 발견되었다. 곧이어 사인 규명을 위해 부검이 실시되었다.

한편 범인을 찾기 위해 해경 함정에서 촬영한 동영상이 국과수에 의뢰되었다. 그 당시 촬영한 비디오테이프 10개를 정밀 판독해 박 경위에게 둔기를 휘두른 중국인 선원을 밝혀달라고 국과수 영상연구실에 의뢰된 것이다. 함정에서 찍은 동영상은 2.5m의 파도가 치는 바다 한가운데서 촬영되어 흔들림이 컸고 화질의 상태가 아주 불량했다. 게다가 파도에 밀려 점차 중국 어선과의 간격이 벌어지면서 화면에 잡힌 어선의 크기가 지나치게 작았다. 이런 화질로는 중국 선원 중 누가 박 경위를 추락하게 했는지 도저히 알 수가 없었다. 영상을 의뢰받은 국과수 영상연구실에서는 우선 영상의 화질을 향상시킬 방법을 논의했다.

여러 가지 논의가 이루어지던 가운데, 일단 영상 속 중국 어선의 흔들림을 최소한으로 줄여 안정화시키기로 의견을 모았다. 영상을 천여 장의 사진으로 쪼개어 각도와 해상도를 맞추는 작업부터 시작했다. 흔들림이 큰 천여 장의 사진에서 특징을 찾아 연결하는 것이 쉬운 일은 아니었지만, 하나하나 각도와 해상도에 따라 배열하면서 흔들림을 보정하였다. 화질을 높인 후 짜맞춘 동영상 전체를 다시 돌려보았다. 이제 중국 어선에 타고 있던 중국인 선원 11명의 모습이 선명하게 보였다. 이를 지켜본 연구원들은 사건을 해결할 가능성이 보인다며 환호했다. 사망한 박 경위가 탄 고무보트가 중국 배 근처로 접근하는 장면부터 자세히 살펴봤더니, 박 경위가 중국 어선을 잡는 순간 맨 앞에 서 있던 중국인이 몽둥이를 휘둘렀고, 그다음 사람이 줄을 던졌으며 세 번째 서 있던 선원이 삽으로 내리쳤는데 그것에 맞은 박 경위가 배에서 떨어져 물속에 빠졌다.

영상연구실은 밤늦도록 영상 판독을 진행하여 그날 밤을 넘기지 않고 중국인 선원 11명이 서 있던 위치, 각 선원의 특징 등을 정확하게 판독해냈다. 어부가 쓰고 있던 모자나 삽으로 때리는 방법 등 그 당시 모든 장면을 세세하게 구분할 수 있을 정도였다. 판독 결과를 해경 측에 통보하자 해경에서는 이를 바탕으로 그간 묵묵부답이던 중국 선원들을 본격적으로 조사할 수 있게 되었다. 당시 상황을 기록한 영상물을 보여주면서 취조하자 사건 발생 시 세 번째 서 있던 선원이 자신이 삽을 들고 박 경위를 때렸다고 자백했다고 한다. 이윽고 다른 중국인 선원들도 선장의 지시에 따라 둔기나 흉기를 지니고 있다가 해경이 접근하자 저항했다고 진술하였고, 결국 이들은 특수공무집행방해치사 혐의와 배타적경제수역법^{EEZ} 위반 혐의로 구속되었다.

집념으로 버티는 국과수 요원

―

영상연구실 연구원들은 예전부터 불가능해 보이는 업무를 맡아도 반드시 해내곤 했다. 외국에서 수입한 고가의 프로그램이 우리 현실과 맞지 않자 국내 사건에 적용하기 위해 프로그램을 직접 개발한다고 나설 정도의 열정을 가진 이들이다.

CCTV에 찍힌 차량의 번호를 인식해야 하는 경우가 많이 있어 처음에는 외국의 프로그램을 사용하였는데, 우리나라와 외국의 차량 번호판 모양과 색이 달라 수입한 프로그램으로는 번호판을 해독하기 어려웠다. 이에 이 실장의 주도 아래 영상연구실은 자체 프로그램을 개발하기로 결정했다. 번호판을 선명하게 해독할 수 있는 최종 프로그램을 완성할 때까지 연구원들은 주말도 반납해가며 밤낮없이 연구에 매달렸다. 수많은 시행착오를 거친 뒤 드디어 우리나라 고유의 차량 번호판과 색을 인식할 수 있는 프로그램을 개발해냈다. 더욱이 이 프로그램을 국과수에서만 사용할 것이 아니라 현장에서 수사하는 사람들도 함께 사용하게 하자고 뜻을 모아, 국과수에서 자체 개발한 프로그램을 각 지방경찰청, 군 수사 기관에 무상으로 배포해 초동수사에 활용할 수 있도록 했다. 이런 정도의 수입 프로그램이 개당 5천만 원

상당인 것을 고려하면, 영상연구실의 개발 덕분에 국가 예산 36억 원 정도를 절약한 셈이었다. 프로그램을 사용해본 수사관들의 말로는 기존의 수입 프로그램보다 훨씬 간편하게 사용할 수 있으며, 영상의 선명도도 높은 편이라 용의자의 차량을 확인하는 데 큰 역할을 하고 있다고 했다.

영상연구실은 프로그램을 개발한 것에서 그치지 않고 지속적으로 이를 현장에서 사용하는 수사 기관과 의견을 공유하며 개선책을 마련하면서, 애프터서비스까지 도맡아 하고 있다. 흔들리는 배의 영상을 안정시켜 사건 정황을 파악하자는 아이디어를 냈던 박 경위 사건에서처럼, 영상연구실은 늘 사건 해결을 위해 머리를 맞대고 상황에 맞는 창조적인 아이디어를 생각해내고 있다.

끝나지 않는
위조지폐와의 전쟁

: 문서연구실

복사한 위조지폐에 속은 사람들

—

올해 1월 23일 컬러복사기를 이용해 만든 5만 원권 위조지폐를 인터넷으로 유통하다 적발되었다는 보도를 보며, 위조지폐 관련 범죄는 정말 끊이질 않는구나 하고 탄식했다. 홀로그램과 은색 실선 등 위폐임을 판별할 수 있는 요소가 있음에도 불구하고 위조지폐 1억 원이 80만 원에 팔리기도 하고, 실제로 그 위조지폐가 사기 사건에 이용되었다고도 하니 가슴이 답답했다. 2014년 10월, 삼형제가 컬러복사기로 인쇄한 5만 원권 1,340장의 경우 육안으로도 은색 실선이 보이지 않을 정도로 조악했지만 액수로는 국내 최대 위폐 사건으로 기록되고 있다. 그해 안양에서 발견된 또 다른 5만 원권 위조지폐의 경우는 은색 홀로그램을 완구용 모래를 이용해 만들었음이 밝혀졌다.

2012년 8월에는 며칠 사이 3건의 위조지폐 사건이 발생했다. 우선 8월 28일 경기 안성경찰서는 5만 원권 지폐를 위조해 평택, 안성 등 경기 남부 지역 주유소와 재래시장 등에서 사용해온 40세 A씨를 특정범죄가중처벌법상 통화위조 등의 혐의로 구속했다고 밝혔다. 이어 8월 31일, 이번엔 서울에서 또 다른 위조지폐 사건이 발생했다. 서울 중부경찰서는 5만 원권 위조지폐를 만들어 유통한 44세 B씨를 A씨와 같은 혐의로 구속했다. B씨는 카드 빚을 갚기 위해 컬러복사기로 5만 원권 지폐 수십 장을 복사한 뒤 은박 테이프로 은색 선을 만들어 서울 중구의 한 상점에서 이를 유통하다가 검거되었다. 이 무렵 인천에서도 19세 남학생들이 컬러복사기로 5만 원권 400장을 위조해 일부를 사용하다가 검거되기도 했다.

한국은행의 조사 결과에 따르면, 2012년 상반기에 발견된 5만 원권 위조지폐 수가 220장으로 전년 같은 기간보다 187장이나 증가해 그 때까지 최대 규모를 기록했다고 발표했다. 이는 5만 원권이 최초로 발행된 지난 2009년 이후 가장 많은 수준이었다. 2013년에는 84장으로 급감했지만, 이듬해인 2014년에는 다시 5만 원권 위폐가 급증하여 1405장으로 1년 새 1,500%가 폭등했다. 고액권이 발행될 경우 더 많은 위조지폐가 생겨날 것이라는 우려가 현실화된 것이다. 대부분의 위조지폐는 조악해 육안으로도 쉽게 식별할 수 있을 정도지만, 낮이 아니라 주로 심야 시간대를 이용해 고령자를 대상으로 사용하거나, 재래시장이나 야간 택시에서 사용해 통용이 가능했던 것으로 보인다.

이 밖에 로또 위조 사건이 몇 차례 발생하기도 했다. 로또 복권에서 숫자를 정교하게 오려 붙여 당첨 복권으로 우기는 게 흔한 방식이었는데, 2007년 발생한 60대 노인의 로또 1등 티켓 위조 사건은 당시 사회적으로 큰 화제가 되었다. 컴퓨터나 기계에 익숙한 20~30대가 아닌 70세에 가까운 69세 노인이 위변조 사건을 일으켰다는 점에서 사회에 놀라움을 안겼다.

이 노인은 좋은 꿈을 꾼 뒤 로또를 샀는데 1등에 당첨되었다며 당첨금을 요구했다. 그러나 이미 1등 당첨금은 지불된 상태였고, 1등이 2명이 나올 리는 없으니 그의 말은 거짓으로 여겨졌지만 끈질기게 당첨 복권임을 주장해 결국 국과수 문서연구실에 문제의 복권이 의뢰되었다. 의뢰된 로또는 육안으로는 이상이 없어 보였지만, 자외선, 적외선 등의 장비를 이용해 면밀히 검사하자 로또에 새겨진 원래 숫자 위에 다시 숫자를 겹쳐 쓴 것이 발견되었다. 기존의 복권 번호는 지우고,

보이지 않는 진실을
보는 사람들

170

그 위에 복권 발행기로 찍어낸 것과 같은 형태의 번호를 인쇄한 것이다. 이렇게 위조 로또임이 밝혀졌음에도 불구하고 60대 노인은 수개월에 걸쳐 위조한 로또 복권으로 낭첨금을 요구하다가 끝내 위조 혐의로 경찰에 입건됐다.

언제부터 위조지폐가 있었을까?
—

사회가 위조지폐로 골머리를 썩은 게 요즘 일만은 아니다. 놀랍게도 조개껍데기를 화폐로 사용하던 원시시대에도 화폐 위조범이 있을 정도였다고 하니, 어쩌면 화폐의 역사와 함께 등장한 걸지도 모르겠다. 위조지폐 제조법도 기술과 장비가 발전함에 따라 나날이 발달했다. 1920년대에는 평판 인쇄 기술을 사용했지만, 1980년대에 이르러서는 복사기, 스캐너, 컴퓨터 등이 일반화되면서 이를 이용해 위조지폐를 만들었다. 특히 잉크제트 복사기에 의해 만들어진 위폐는 감별하기가 쉽지 않아 한동안 통용되고 나서야 뒤늦게 발각되는 경우가 많았다. 2000년대는 복합기, 컬러프린터, 디지털카메라, 고성능 프린터 등을 이용하여 위조지폐를 제조하면서 감별하는 게 더욱 어려워졌다.

역사상 최대로 제조된 위폐이자 최고의 정밀성을 갖춘 위폐는 바로 독일에서 나치 친위대가 영국 경제를 무너뜨리기 위해 위조한 파운드 화폐로 알려져 있다. 그 당시 나치 친위대장의 이름을 따서 베른하르트 작전이라고 하기도 한다. 수용소에 있는 오프셋 인쇄 전문 기술자로 하여금 파운드화를 위조하게 했는데, 전체 영국 통화량에 15%에 해당할 만큼 엄청난 양을 제조했던 것으로 알려진다.

그러나 위조지폐 하면 아무래도 100달러짜리 미국 화폐가 가장 많을 것이다. 100달러짜리 위조지폐는 특히 슈퍼 노트super note라고도 알려져 있는데, 얼마나 정교하게 만들어졌는지 위조지폐 감별기로도 식별할 수 없을 정도였다. 1989년 필리핀 마닐라의 은행에서 처음 발견된 슈퍼 노트는 진폐와 같이 75% 면섬유, 25% 마로 구성되어 있어 육안이나 촉감으로는 구별할 수 없었고, 지폐에 숨겨진 미세한 문자와 각도에 따라 색이 달라지는 것까지 재현하고 있어 일반인들은 도저히 알아챌 수 없는 수준이었다. 우리나라에서도 2008년 11월 부산에서 9,904장의 슈퍼 노트가 발견된 적이 있다. 슈퍼 노트의 경우 개인의 장비로는 위조할 수 없는 수준이라 국가가 개입했다는 의견이 설득력 있게 받아들여지고 있다. 슈퍼 노트 때문에 미국은 1996년, 68년 만에 100달러 화폐의 도안을 바꾸었다.

위폐 제조법 중 가장 흔하게 사용되는 방법은 지폐를 물에 불려 앞뒷면을 분리한 뒤, 각각에 가짜 위폐를 붙임으로써 1만 원짜리를 2만 원으로 만들어 사용하는 방법이다. 이 외에도 잉크제트를 이용하여 위폐를 만들고 은박지로 홀로그램을 만들어 부착한 사례도 있었다. 그 밖에 미국 달러화의 경우, 미국 외의 지역에서는 액수에 따라 달라지는 지폐 위 그림을 잘 알지 못한다는 점을 악용해, 5달러 지폐의 숫자를 고쳐 100달러로 둔갑시키는 사례도 있었다.

위조지폐의 감정과 방지책

—

연구원 재직 당시, 외부에서 손님이 방문하면 항상 문서감정실을 빼놓지 않고 견학하곤 했다. 그곳에서 이루어지는 문서 감정과 위폐 감정 과정이 흥미진진하기 때문이다. 필체로 글씨를 쓴 주인공을 알아내는 문서 감정은 장비도 중요하지만 오랜 경험으로 쌓인 경륜이 큰 역할을 하는 데, 법과학 분야에서 아주 특징적이고 특수한 분야이다. 예컨대 2009년 배우 장자연 씨의 죽음과 관련한 수사 당시 그녀가 남긴 유서에 대한 문서 감정이 중요한 역할을 했다. 문서 감정은 주로 글씨를 쓰는 순서의 차이, 눌러 쓰는 강도 등의 특징을 바탕으로 진위를 판별한다.

문서 감정에서 중요한 또 다른 부분은 인영(도장) 감정이다. 이는 단순히 화폐의 위조 여부를 판별하는 것보다 감정 과정이 더욱 복잡하다. 지폐는 여러 요소 중 차이점을 하나만 찾아도 위조임을 증명할 수 있지만, 인장은 날인할 때마다 인영의 형태가 달라질 수 있으므로 크기를 비롯한 여러 가지 특징을 정밀히 관찰해야 한다.

날인 시의 압력, 각도, 종이의 재질과 인장의 청소 상태 등에 따라 다르게 나타나기 때문에 인영의 크기, 글자의 획수 및 간격 등을 살펴보는 것도 중요하지만, 무엇보다 먼저 인장의 전체적인 특징을 포착해야 한다. 인장은 수작업으로 조각하기 때문에 인획을 새길 때 칼끝의 움직임에 따라 항상 일정치 않고 미세한 차이가 난다. 이에 인획을 확대해서 정밀히 관찰하여 특징점을 찾은 뒤 이를 바탕으로 비교 분석해야 한다. 그러나 요즘은 컴퓨터로 인영을 만드는 경우가 많아, 여기에 상응하는 감정 기법을 활용하고 있다.

문서와 관련된 감정 중 위조지폐를 판정하는 과정도 매우 흥미진진하다. 의뢰되는 위조지폐 중에는 감탄할 정도로 잘 만들어진 것도 많은데, 왜 그렇게까지 이런 일에 온 힘을 쏟는지 이해가 되지 않았다. 이 정도 정성으로 다른 일을 한다면 더욱 대단한 성과를 얻을 수도 있을 텐데 말이다. 특히 요즘엔 개인이 인터넷 견본이나 컬러복사 등 단순 작업으로 조잡하게 만들기보다 고도의 기술을 이용해서 정교하게 위폐를 만드는 경우가 많아, 식별할 때에도 최신 첨단 장비를 동원하고 있다.

일단 먼저 육안으로 살펴볼 수 있는 위조 방지 요소들을 확인한 뒤, 자외선 및 적외선을 비추어 육안으로 볼 수 없는 요소들을 체크하며 판별한다. 그러나 슈퍼 노트 같은 기업형 위조지폐의 경우는 적외선 감별기, 특수확대경, 현미경 등의 특수 장비를 이용해야만 제대로 된 판정이 가능하다.

위조지폐는 사회의 신뢰도를 떨어뜨릴 뿐 아니라 자칫 국가 경제에 혼란을 가져올 수 있기 때문에 각 국가에서는 이를 막기 위해 다양한 방법으로 애쓰고 있다. 은행권은 특수한 섬유질 종이로 만들어 일반 종이와는 촉감부터 다르고 화폐에 여러 위조 방지 요소를 설정한다.

우리나라에서는 한국은행권을 비롯한 모든 유가증권에 입체감을 느끼도록 하는 볼록 인쇄, 보는 각도에 따라 문양이 달라지는 홀로그램과 색이 바뀌는 시변각 잉크, 빛 아래에서 나타나는 숨은 그림, 확대경을 이용해야 식별할 수 있는 미세 문자 등 다양하고 흥미로운 위조 방지 요소들을 장치해두었다.

1만 원권을 예로 살펴보면, 앞면에 빛을 비추면 세종대왕 초상화 옆에 숨은 초상화가 나타나는데, 복사기로 위조한 경우에는 이 그림이 나타나지 않는다. 부분 노출된 은색 선도 복사되지 않는다. 그리고 보는 각도에 따라 색이 변하는 시변각 잉크OVI, Optically Variable Ink를 사용해, 지폐의 오른쪽 하단에 10000이라는 글씨가 각도에 따라 녹색에서 갈색으로 변한다. 이 밖에도 위조가 어렵도록 미세 문자를 사용하고 요판 인쇄를 통해 볼록한 촉감이 느껴지게 했다. 그리고 장비를 이용해 자외선을 비춰 살펴보면, 지폐 내에 불규칙하게 흩어져 있는 형광 섬유를 확인할 수 있다.

조폐공사에서 발행하는 유가증권 역시 특수한 용지와 인쇄법으로 제작하고 위조 방지 장치가 있어 조금만 관심을 기울이면 위변조 여부를 쉽게 알아낼 수 있다. 유가증권을 복사해 사용하는 경우 위조 문서의 모양이 섬세하지 못해 육안으로도 쉽게 구별해낼 수 있지만 특정 문양이나 숫자를 정교하게 긁어내고 다른 문서의 문양이나 숫자를 덧붙여 변조하는 경우가 있는데, 이때는 그냥 봐서는 식별할 수 없어 실험실에 의뢰해야 진위 여부를 판정할 수 있다. 로또의 경우 코드 위에 찍힌 티켓 고유 번호나 추첨일, 단말기 고유 번호, 보안 번호를 확인하면 위변조를 확인할 수 있고, 지폐처럼 특수 잉크로 홀로그램과 로고가 찍혀 있어 이를 진위 판별에 사용한다.

위조지폐를 방지하기 위해서는 국가적으로 나서 사법기관과 금융기관에서 위조통화의 전체 규모를 파악하고, 위조 기법에 대한 정보 등을 수집해 위폐에 대한 전반적인 데이터베이스를 구축할 필요가 있다. 위조지폐는 시중에 유통되는 동안 발각되기보다는 입금 후에 은행에서 판별되는 경우가 대부분이라 위조자를 추적하기가 쉽지 않다. 실제로 우리나라에서 위조지폐가 발견되는 숫자는 연 1만 건에 이르지만 위폐범이 잡히는 경우는 여기에 10분의 1도 되지 않는다. 이에 따라 2012년부터 한국은행을 중심으로 국과수 등 여러 관련 기관이 협조하여 위폐의 특징과 일련번호, 위조지폐범의 수법 등에 관한 정보를 입력한 위조통화 데이터베이스를 만들어 체계적으로 대응하고 있다.

이와 더불어 청소년들이 별 생각 없이 장난삼아 프린터나 복사기를 이용하여 위폐를 만들어 사용하는 경우도 큰 걱정거리다. 화폐를 위변조하는 행위가 엄중한 처벌 대상이라는 것을 모르는 경우가 많기 때문에 학교에서 지속적인 교육을 실시해 사태의 심각성을 알려줄 필요가 있다. 이와 더불어 화폐의 질을 높이는 것도 아주 중요한데 화폐의 질을 높이면 지폐를 물속에 넣었다가 박리해서 1장을 2장으로 만드는 사례는 없어질 것이다.

나는 위조지폐 이야기가 나올 때마다 지갑에서 1만 원권을 꺼내 위조 방지 요소를 찾아보곤 한다. 그중에서 내가 가장 열심히 찾는 부분은 1만 원권 앞면에 일월오봉도 아래, 진한 초록색 담장에 있는 WON 표시이다. 그냥은 보이지 않지만 각도를 잘 맞추면 WON이라는 글자가 나타나는데 힘겹게 이 글자를 찾을 때마다 내 돈은 진짜구나 하고 안심한다.

발바리 검거 작전

: 유전자분석실

잇달아 발생한 아동 성폭행 사건

—

2010년 6월 26일, 30대 남성이 서울시 동대문구의 주택가 골목길에서 놀고 있던 7세 초등학생 A양에게 접근하여 "집에 가서 같이 놀자"며 A양의 집으로 유인하여 성폭행한 사건이 발생했다. 8세 초등학생을 대상으로 한 성폭행 사건 '김수철 사건'이 발생한 지 20일밖에 되지 않았는데, 연이어 아동 성폭행 사건이 일어나자 사회적으로 큰 충격을 주었다. 2008년에 일어난 조두순에 의한 아동 성폭행 사건 이후, 사회 전반에 성폭력 범죄에 관한 처벌과 예방 논의가 본격화되고 있는 시점에 발생하여 더욱 여론의 관심이 집중되었다.

사건을 접수받은 동대문경찰서에서는 일단 용의자를 특정하기 위해 피해자의 집 주변에 설치되어 있는 CCTV를 분석하기로 했다. A양의 집 근처 골목에는 CCTV가 없어서 범행 현장으로부터 반경 500m 안에 있는 CCTV 기록을 모두 수거해 분석을 시작했다. 이 잡듯 주택가 인근에 설치된 방범용 CCTV를 모두 분석해보았지만, 용의자를 특정지을 만한 단서는 발견되지 않았다. 범위를 더 넓혀 동대문구에 설치된 모든 CCTV를 분석하자는 등 범인을 찾기 위한 다양한 방안이 논의되었다.

여러 가지 상황을 검토해봤을 때 범인이 범행을 오랫동안 치밀하게 준비하였을 가능성이 높았다. A양이 다니는 초등학교 근처에는 CCTV가 없다는 것을 미리 알고 있었다는 점과, 범행일이 A양이 학교에 가지 않고 혼자 노는 날이었다는 것을 미루어볼 때 계획적으로 접근했을 수 있다는 것이다. 범인이 배달용 오토바이를 현장에 준비해

도주를 염두에 둔 것도 계획적인 범행이라고 판단하기에 충분하였다.

게다가 범죄가 일어난 날은 평상시 주말과 달리 골목 주변에서 놀던 아이들이 한 명도 없었고, 범인을 목격한 사람도 없어서 범인을 검거하는 데 어려움이 컸다. 경찰은 어린 A양의 진술을 받아 범인이 입고 있던 옷과 오토바이를 확인하였을 뿐, 범인의 윤곽을 제대로 그리지 못하고 있었다. 결국 A양의 진술을 바탕으로 범인의 몽타주를 만들어 현상금 500만 원을 내걸고 공개 수배를 시작했다. 그러나 수사에 진척이 없자 곧 현상금을 두 배인 천만 원으로 올리고, 수배 전단을 전국에 배포하면서 범인을 검거하려고 애썼다.

머리카락 속 유전자는 범인을 알고 있다
—

경찰은 CCTV 수거와 더불어 사건 현장 감식을 진행했는데, A양의 반바지와 속옷, 질 내용물, 모발 12점과 침대에 있던 이불 조각 등 생물학적 증거물을 현장에서 채취해 유전자 감식을 국과수에 의뢰했다. 국과수 유전자분석실에서는 증거물을 하나씩 정밀 분석하기 시작했는데, 특히 A양의 질 내용물과 속옷에서 결정적인 증거인 범인의 정액이 검출될 것으로 기대했지만 어떤 증거물에서도 범인의 정액은 나오지 않았다.

이제 남은 희망은 현장에서 수거한 12점의 모발뿐이었다. 모발의 경우 모근이 붙어 있으면 바로 핵 DNA 유전자 감식이 가능하지만, 모근이 없으면 미토콘드리아 DNA 분석(미토콘드리아 유전자는 모계를 알 수 있다는 특징을 이용한 방법)을 시행해야 하는데 일반적인 감식에 비해 시간이 오래 걸리며 과정도 매우 복잡하다. 이번 사건의 경우 모근이 남아 있지 않아 미토콘드리아 DNA 분석을 실시했는데, 유전자 분석 결과 12점의 모발 중 11점은 A양과 A양의 부모와 일치하였으며, 1점의 모발에서 A양 아버지 외의 다른 남성의 유전자형이 검출되었다. 실험 결과에 연구원들이 환호했다. 물론 그간 사건 현장에 수사관 등 많은 사람이 드나들었기 때문에 확실히 이 모발에서 분석한 유전자를 범인의 것이라고 단정하긴 어려웠지만, 그래도 결정적으로 무엇인가 이야기해줄 것만 같았다.

모발을 가지고 유전자 분석을 하는 동안 경찰 측에서는 사건 현장 주변에 거주하는 성폭력 전과자들을 중심으로 수사망을 넓혀 이들의 구강세포 시료를 채취해 국과수에 의뢰하였다. 의뢰된 시료가 너무 많은 나머지 이들을 분석하는 시간이 생각보다 오래 걸렸다. 그러던 중 경찰 측 담당자로부터 유력한 용의자가 있으니 그 사람 유전자부터 분석해달라는 연락이 왔다. 유력한 용의자라고 하는 B씨의 구강세포에서 유전자를 확보하자마자 미리 측정한 모발의 유전자형과 비교하였다. 두 유전자형을 비교하던 담당 연구원은 회심의 미소를 지었다. 머리카락 한 가닥으로 범인을 찾는 순간이었다.

결과를 통보받은 경찰은 B씨를 범인으로 특정하고 추적을 시작했는데, 용의자는 경찰의 수사망이 좁혀오는 것을 느끼고 불안해 하다가 칼로 자신의 손목을 그어 자해를 시도해 근처 병원에 입원했다가 부모에 의해 고향인 제주도의 한 병원으로 옮겨진 상태였다. 동대문경찰서는 제주 서부경찰서와 공조하여 제주공항의 CCTV를 검색하던 중 팔에 붕대를 감고 있는 B씨를 발견했고 인근 병원을 수색해 검거하였다.

실처럼 가느다란 머리카락 한 올로 범인을 밝힐 수 있다니, 유전자 분석 기술이 지닌 엄청난 위력을 실감했다. 매일 머리 감을 때마다 빠지는 머리카락을 생각하면 모발 한 가닥은 정말 대수롭지 않은 것인데, 그 안에 그렇게 중요한 정보가 담겨 있다니 갑자기 바닥에 떨어진 머리카락 한 올마저 소중하게 느껴졌다. 사건이 마무리된 후 유전자 감식 센터에 들렀는데, 탁자 위에 예쁜 꽃바구니 하나가 놓여 있었다. 바구니의 리본에는 "당신들이 있어 해결했습니다. 감사합니다"라는 문구가 적혀 있었다. 수사를 진행한 동대문경찰서에서 보내온 것이라고 했다. 범죄와 싸우면서 항상 이성적으로만 행동할 것 같았던 수사관들에게 이런 감성적인 모습이 있다니 더욱 감동적이고 기분이 좋았다.

유전자 데이터베이스로 발바리를 찾아라
—

성폭행범 중 악질은 습관적으로 성폭행을 저지르는 이들이다. 언론에서는 이들이 범행을 저지르고 날렵하게 사라져버린다고 해서 발바리라고 불렀다. 범행 지역에 따라 대전 발바리, 보일러 발바리, 신길동 발바리 등 여럿이 있었는데, 유전자 감식이 일반화되기 전에는 여러 지역을 오가며 범행을 저지르는 범인들을 검거하기가 어려웠다.

그러나 유전자 분석 기술이 체계화된 2000년 이후부터 유전자 분석 결과를 데이터베이스화하면서, 사건이 발생할 경우 우선 동일한 유전자형이 데이터베이스 내에 있는지를 검색하면 좀 더 쉽게 범인을 검거할 수 있게 되었다. 그리고 2010년 "디엔에이신원확인정보의 이용 및 보호에 관한 법률"이 시행되면서 성범죄나 살인 등 11개 강력범의 유전자형을 수사 기관의 데이터베이스에 보관하는 작업이 더욱 활성화되었다.

데이터베이스를 통해 여러 성폭행 사건이 한 명에 의해 벌어진 것임이 몇 차례 밝혀졌는데, 특히 대전 지역에서 수차례 발생한 엽기적인 성폭행 사건은 동일한 유전자형이 검출된 경우가 60회가 넘었다. 상황이 심각해지자 대전 동부경찰서에서는 2005년 유 경감을 중심으로 '대전 발바리'를 잡기 위한 전담 팀을 꾸렸다. 1999년 대전 월평동에서 발생한 성폭력 사건을 필두로 청주에서 발생한 사건까지 총 66건의 사건에서 같은 사람의 유전자형이 검출되어 한 사람의 소행이라는 것은 틀림없었지만 범인의 신원은 오리무중이었다.

전담 팀이 자료를 다시 검토한 결과 8건의 범행이 추가로 확인되어 사건의 수는 74건으로 늘어났다. 일단 범죄가 일어난 지역을 살펴보니, 대부분의 범죄가 발생한 대전 외에도 대구, 전주, 청주, 경기 용인, 논산 등에서 발생했다. 범인이 대전을 중심으로 다른 지역으로 자유롭게 이동할 수 있는 사람이라고 추정하고 이동 동선을 파악하기로 했다. 대전 주변 고속도로의 톨게이트를 중심으로 범행 시간대에 범죄 발생 인근 지역을 통과한 차량들을 대상으로 CCTV를 분석했다. 차량을 확인하고 나면 차량의 소유주를 다시 찾아야 했는데, 해당 시간대에 지나친 수많은 차를 일일이 검토하는 게 정말 쉬운 일이 아니었다. 이는 엄청난 인내심과 수사 전문성을 지녀야 가능한 일이었는데, 발바리를 꼭 잡고야 말겠다는 투지로 가득한 팀원들이 마침내 용의 차량 10대를 추려냈다.

영장을 발부받아 통화 내역을 조사하면서 차량의 소유주를 찾고, 소유주의 동의를 받아 구강세포 시료를 채취해 국과수에 유전자 감식을 의뢰했다. 그런데 첫 번째부터 아홉 번째까지 어렵게 유전자 시료를 채취했지만 실망스럽게도 발바리 용의자의 유전자형과 일치하지 않았다. 실패가 거듭되자 이러다 범인을 못 찾는 것은 아닐지 불안감이 커졌지만, 포기하지 않고 휴대전화 사용 기록이 없던 마지막 용의자를 찾아보기로 했다. 지푸라기라도 잡는 심정으로 전담 팀이 용의자 C씨의 집에 들이닥쳤을 때, 경찰을 본 용의자는 잠깐 집 안에 들어갔다 오겠다고 하더니 도주해버렸다. C씨의 유전자를 직접 채취하는 것은 불가능해져, 가족의 동의를 얻어 직계가족의 타액 시료를 채취하였다. 시료를 채취한 경찰은 급하게 증거물을 국과수 중부 분원에 보냈다.

유전자 감식 결과 놀랍게도 데이터베이스에 보관 중이던 74건의 동일 유전자형과 부자관계가 인정되었다. 이 정도의 일치율이라면 C씨를 범인으로 특정하는 데 문제가 없었다. 전담 팀은 체포 영장을 발부받아 서울 천호동의 한 컴퓨터 게임방에서 은신하고 있던 C씨를 검거했다. 그의 진술에 따르면 지난 8년 동안 74차례에 걸쳐 82명을 성폭행 했다고 하는데, 성폭행 피해자들의 낮은 신고율을 감안하면 적어도 100명 이상의 피해자가 있을 것으로 추정되었다.

이번 사건은 유전자 분석과 데이터베이스의 개가로 표현될 정도로 유전자 감식이 큰 역할을 수행한 경우며, 경찰과 국과수의 긴밀한 협조가 돋보인 사례였다. 이와 같이 유전자 데이터베이스의 구축은 그동안 잡지 못했던 많은 범인들을 검거하는 데 결정적인 기여를 하게 됐다. 물론 무엇보다 수사 전문성을 바탕으로 집념으로 사건을 파헤친 경찰 전담 팀의 땀과 인내가 아니었더라면 불가능했을 것이다.

그들은 왜 복어 독을 먹었을까?

: 약독물실

죽음으로 몰고 간 약물의 정체

—

2008년 4월, 의사 A씨와 사업가 B씨가 제2중부고속도로 갓길에 세워진 승용차 안에서 특별한 외상 없이 숨진 채 발견됐다. 고교 선후배 사이인 두 사람은 원주의 골프장에 가기 위해 새벽 5시쯤 서울에서 출발한 것으로 밝혀졌다. 오전 6시 30분경 B씨가 광주소방서 119구급센터에 "숨 쉬기가 힘들다. 약물중독인 것 같다"라고 신고했고, 요원들이 한 시간 넘도록 수색한 결과 차를 발견했지만 이미 두 사람은 사망한 후였다. 발견 당시 차량 비상등이 켜진 채 시동이 걸린 상태였지만, 운전석 창문이 열려 있었기 때문에 사인으로 자동차 배기가스에 의한 사망은 배제되었다.

경찰은 국과수에 부검을 의뢰하였는데, 특별한 외상이 없고 특정 사인이 밝혀지지 않은 상황이라 약물 중독 여부가 사인을 규명하는 데 큰 역할을 할 것으로 보였다. 부검 후 채취한 두 사람의 위내용물과 혈액이 약독물실에 의뢰되었으며, 이 밖에도 이들이 마시고 남은 깃으로 추정되는 승용차에 있던 커피음료 캔 2개와 구토물도 함께 의뢰되었다. CCTV를 살펴보던 광주경찰서 수사진들은 두 사람이 6시 12분쯤 경기도 하남 만남의 광장 휴게소에 들러 B씨가 차에 기름을 넣는 동안, 조수석에 탔던 A씨가 비닐봉지를 들고 차에서 급하게 내리는 모습을 포착했다. 실마리라도 찾을 수 있을까 싶어 곧바로 그 휴게소의 화장실 쓰레기통을 뒤져 A씨가 버린 비닐봉지를 찾아냈다. 봉지를 열어보니 주사기 1개, 시약을 넣는 아주 작은 시약병 1개, 홍삼드링크 빈병 2개가 담겨 있었다. 이들도 수거해 국과수에 감정을 의뢰했다.

증거물의 특성에 따라 약품분석실장을 주축으로 약독물과에서 감정을 진행하게 되었다. 일단 일반적인 관점에서 접근해보기로 했다. 독극물에 의한 사망의 경우 사망자들이 마신 음료와 관련되는 것이 일반적이라, 우선 커피 캔과 홍삼드링크 병을 가지고 독물 검사를 실시했다. 홍삼드링크 병에서 청산, 농약류 등의 독극물은 검출되지 않았지만 수면제와 신경안정제 성분인 졸피뎀과 클로티아제팜이 검출되었다. 문제가 의외로 쉽게 해결될 수 있겠다고 기대하며 사망자의 혈액과 위내용물에서도 이와 같은 성분들이 검출되는지 알아보았다. 실험 결과 혈액과 위내용물에서 졸피뎀과 클로티아제팜, 그리고 고혈압약인 프로프라노롤도 검출되었다. 그러면 이들 약물에 중독되어 사망했는지 여부를 증명하는 일이 급선무였다.

그런데 혈액 중 약물 농도를 측정하였더니, 그 농도가 매우 낮아서 치료 약물로 사용한 정도면 몰라도 치사량에는 전혀 미치지 못했다. 그러면 무엇 때문에 이들은 사망했을까? 이제 다시 원점으로 돌아가 고민을 시작할 수밖에 없었다. 혹시 다른 약물 성분이 발견될까 해서 몇 번이나 실험을 반복했지만 별다른 성과가 없었다. 시간이 흐름에 따라 연구원들은 꿈속에서도 약물을 찾을 정도로 입이 바짝바짝 말라갔다.

그러다 수사관들이 쓰레기통에서 찾아온 주사기와 시약병에 시선이 옮겨갔다. 주사기는 외관상으로는 사용한 것 같긴 하지만 잔사가 전혀 남아 있지 않았고, 시약병도 크기가 매우 작아 그 안에 무엇이 들어 있을 것 같진 않았다. 혹시나 하는 마음에 현미경으로 시약병을 관찰했더니, 시약병 입구 주변에서 미량의 흰색 분말을 발견했다. 가장 중요한 단서가 될 것 같은 느낌이 들었지만 워낙 양이 적어서 채취하는 데 어려움이 있었다. 분말이 묻은 시약병을 용매나 물로 닦아 어떤 물질인지를 확인할 수도 있겠지만 시료가 극미량이라 자칫 증거물이 사라져버리면 재확인이 어려워질 수 있어 채취 방법을 심각하게 고민해야 했다.

여러 방법을 고민하던 끝에 인 실장은 약스푼을 시약병 입구에 대었다 뗀 후 약 5㎖의 물이 든 비커에 넣어 물질을 녹였다. 그리고 그곳에서 약 0.2㎖를 취해 실험용 쥐에 복강주사했더니, 쥐가 전형적인 독소에 의한 마비증상을 보이면서 몇 분 만에 죽었다. 다른 쥐에 주사를 해도 마찬가지였다. 독성이 매우 큰 물질이라는 판단 아래 실험 방향을 바꿔 독성이 큰 톡신의 종류를 확인하기 위해 온 힘을 기울였다. 톡신은 그 종류가 많지는 않지만 분자량이 크고 구조도 복잡하여 찾아내기가 쉽지 않았다.

우선 극미량을 측정할 수 있는 최신 장비인 적외선 분광광도계와 질량분석기를 이용해 시약병에 남아 있던 물질을 확인해보았다. 미량이지만 테트로도톡신임이 확인되었다. 복어 독의 성분인 테트로도톡신은 우리가 일반적으로 독성이 가장 크다고 알고 있는 청산보다 천 배 이상 큰 맹독성으로 알려져 있기 때문에 모두 긴장했다. 이어 주사기와 주삿바늘, 홍삼드링크 빈 병 2개 중 1개에서 테트로도톡신이 검출되었다. 그다음으로 위내용물과 혈액 등 생체 시료에서도 테트로도톡신이 검출되는지 확인 실험을 하였다. 그런데 증거물의 양이 적고 테트로도톡신의 구조가 복잡해 검출이 쉽지 않았다. 또 테트로도톡신이 인체에 흡수되면 대사 과정을 거친 대사체 형태로 변화되므로 확인하기에 어려움이 많았다. 가까스로 실험을 마쳤는데 이상하게도 A 씨의 위내용물에서는 테트로도톡신을 확인할 수 없었다. 그렇다면 독 성분을 입을 통해 섭취했다기보다는 주사했을 가능성이 커진 것이다. 이에 혈액 중 테트로도톡신을 확인하기 위해 적합한 장비를 갖춘 충 북대학교의 협조를 받아 실험을 진행했다. 수차례의 시도 끝에 드디어 A씨의 혈액에서도 테트로도톡신을 확인할 수 있었다.

테트로도톡신을 살 수 있다고?

—

복어 독의 주성분인 테트로도톡신은 시중에 판매되고 있긴 하지만 독성이 워낙 강해 연구 실험용일 경우에만 구입할 수 있다. 1980년대 초 당시만 해도 복어를 먹고 사망하는 경우가 빈번해, 복어의 독 성분 을 검증하는 실험 방법을 고안해내기 위해 실험용으로 복어 알을 구 입한 적이 있었다. 워낙 맹독성 물질로 취급되어 폐기하는 복어 알을 구하는 게 여간 어려운 일이 아니었다. 특히 실험을 위해서는 테트로 도톡신 표준품을 구입해야 했는데, 캡슐 1개에 1mg의 독 성분이 함유 된 것을 일본 시약 회사로부터 힘겹게 들여왔다. 국과수라는 국립기 관에서 실험용으로 구입한다는데도 구매자가 어느 연구 기관에서 근 무를 하며 어떤 연구에 사용할지를 증명하는 서류를 구비해야 하는 등 여러 규제 때문에 절차가 복잡했다.

그렇다면 사망자의 혈액에서 발견된 복어 독 성분은 어디에서 유통 되며, 어떤 목적으로 사용되고 있는 걸까? 테트로도톡신의 신경 마비를 일으키는 독성을 이용하여 항암제를 만들려는 시도도 있다고 하고, 강력한 진통제를 개발하려 한다는 이야기도 있지만 아직까지는 의약품으로 출시되지는 않았다. 경찰 조사에 따르면 A씨는 2006년 직접 중국을 방문해 마취제와 진통제 명목으로 캡슐(1mg) 하나에 30~40만 원을 주고 구입하는 등 모두 네 차례에 걸쳐 중국에서 테트로도톡신을 구입한 것으로 밝혀졌다. 아마 일본의 시약 회사에서 구입하는 것과는 달리, 중국에서는 음성적 거래를 통해 손쉽게 독 성분을 구할 수 있었을 것으로 보인다. 사건 발생 얼마 전에도 A씨는 테트로도톡신을 구입한 것으로 확인되었는데, 그가 약물을 보관하던 곳을 수색하던 중 그때 구입한 테트로도톡신 중 1.5mg 캡슐 하나가 사라진 것을 발견했다.

이 사실을 바탕으로 추론해보면, 두 사람이 테트로도톡신을 일부러 섭취했을 가능성이 큰데, 도대체 어떠한 이유에서 그렇게 독성이 큰 물질을 복용하려 한 걸까? 특히 A씨는 그 위험성을 충분히 알고 있을 법한 의료인이었으므로 더욱 궁금증이 커졌다. 실험 결과 B씨는 위내용물, 구토물에서 테트로도톡신이 검출된 것으로 보아 홍삼 음료를 통해 복용했을 가능성이 크고, A씨의 경우에는 위내용물이 아닌 혈액에서 검출된 것으로 보아 주사기를 통해 투여했을 가능성이 컸다. 그리고 B씨가 신고 전화를 걸어왔으므로 B씨보다 A씨가 먼저 사망한 것으로 추정되었다.

봉지에서 발견된 시약병에는 테트로도톡신이 1.5mg 정도 들어 있었던 것으로 알려졌는데, 화학 천칭도 없이 그 극미량을 나누어서 사용하려 했다니 평소에 약독물을 취급하던 사람이라면 이해할 수 없는 행동이었다. 전문가들도 일반적인 약물이라 할지라도 독성이 큰 약물을 취급할 경우에는 적당한 다른 부형제(약제를 먹기 쉽게 하거나 일정한 낮은 함량으로 희석하기 위하여 첨가하는 물질)를 섞어 10~100배 이상 묽게 하여 사용하는 게 보통이기 때문이다. 테트로도톡신의 실험쥐에 대한 치사량은 0.01μg/g으로 맹독성 물질인데, 두 사람이 1.5mg의 양을 반으로 나누어 각각 0.75mg씩 투여했다고 한다면. 쥐와 사람과의 종간 차이는 있다고 하지만 체중 75kg인 성인의 치사량에 이른다는 계산이 나온다.

경찰은 최종적으로 여러 조사 결과를 종합해 이들이 자살이나 타살이 아니라 진통, 진정 작용을 기대하고 극미량의 복어 독을 사용한 사고사로 결론 내렸다. 골프를 좋아하는 사람들이 내기 시합을 앞두고 우황청심환이나 피로회복제를 복용하는 경우가 있다는 점으로 미루어보아, 이들도 장시간 골프를 앞두고 골프 성적을 높이기 위해 피로회복 용도로 테트로도톡신을 복용하다가 중독되어 사망했을 가능성이 높다는 것이다. 이처럼 검증되지 않은 약물을 독성이 있는 데도 불구하고 그저 특효가 있다는 소문만 믿고 잘못 복용하는 경우가 왕왕 있는데, 이번 사건을 통해 약독물 관리에 제도적 차원의 확실한 주의가 필요함을 절감했다.

그 당시 사건을 담당했던 약독물과 연구원들의 창의적인 발상이 아니었다면 이 사건은 끝내 풀리지 않았을지도 모르겠다. 극미량의 미지 물질을 알아내기 위해 시약병 입구에 약스푼을 살짝 대었다가 물에 담가 실험쥐에 투여한 과정은 정말 사건 해결에 반전을 가져온 놀라운 시도였다. 이렇듯 문제를 해결하기 위해 이 방법 저 방법 가리지

않고 모든 방법을 동원하여 사건을 한 꺼풀씩 풀어가는 연구원들의
열정과 탐구 정신에 나는 늘 감탄하곤 한다.

충격의 범인을
멜빵으로 찾아내다

: 총기연구실

소말리아 해적 납치 사건

—

2011년 1월 29일 우리나라 국민들은 소말리아 해적에 의해 납치되었다가 구출된 삼호주얼리호 석해균 선장의 귀국을 기다리고 있었다. 1월 15일 선원 21명이 탄 삼호주얼리호가 아랍에미리트에서 스리랑카로 항해하던 중 소말리아 해적 13명에게 피랍되었고, 일주일 만인 1월 21일 인도양 해역에서 대한민국 청해부대에 의해 기적적으로 구출되었다. 여명의 시간에 맞추어 작전이 시작되었다고 해서 '여명 작전'으로 이름 붙여진 해군의 완벽한 작전으로 무장 해적 13명 중 5명이 생포됐고 8명이 사살됐다. 그런데 안타깝게도 작전 당시 다른 선원들과 함께 이불을 뒤집어쓰고 있던 석해균 선장이 총탄을 여러 발 맞아 오만의 국립 병원으로 이송되었다. 그리고 1월 29일, 긴급 수술을 받고 어느 정도 몸을 회복한 석 선장이 특별기편으로 귀국할 예정이었다.

밤늦게 서울 공항에 도착한 석 선장은 곧바로 대기 중이던 앰뷸런스를 타고 수원 아주대학병원으로 옮겨져 CT(컴퓨터 단층) 촬영과 혈액검사를 한 후 아직 몸에 남아 있는 탄환을 제거하는 수술을 받았다. 그 탄환은 곧바로 피랍 사건 규명을 위해 국과수에 의뢰될 것 같아 총기연구실을 비롯한 물리분석과는 대기하며 실험을 준비하고 있었다.

드디어 2월 1일 남해지방해양경찰청에서 저녁 8시가 되어 인편으로 직접 증거물을 전달해왔다. 우선 의뢰서를 전반적으로 검토했는데, 의뢰 사항으로는 탄환이 발사된 총기가 어떤 것인지, 3개의 탄환이 동일 총기에서 발사되었는지, 탄환 내에서 지문이 현출되는지 등에 대한 것이었다. 의뢰된 탄환 중 하나는 1월 22일 오만 병원에서 수술했을 당시 오른쪽 옆구리에서 채취한 것이고, 나머지 2개는 국내에서 수술하면서 오른쪽 무릎 위쪽에서 채취한 탄환 한 개와 왼쪽 둔부 부위에서 채취한 것이었다.

감정 의뢰 사항을 체크한 다음 증거물에 대한 외관 검사를 실시했다. 국과수 총기연구실의 김 실장은 우리나라에서 발생하는 모든 총기 사고는 그의 손을 거쳐 해결된다고 봐도 될 정도로 최고의 전문성을 가진 대가이다. 그는 이번에도 전문적인 지식과 노련함을 발휘하여 사건을 해결했다. 의뢰된 탄환 3개의 외관 검사를 마치고 정밀 검사를 하던 중 탄환 하나를 유심히 보더니 좀 더 시간을 들여 조사할 게 있다고 했다. 얼마 뒤 김 실장이 나를 찾아와서 말하길 지금까지 조사한 탄환은 오만의 병원에서 수술했을 당시 채취한 것인데 우리 해군의 탄환과 같은 종류였다고 했다. 그렇다면 아군의 총에 석 선장이 맞은 것인가 해서 정말 깜짝 놀랐다. 어떻게 이런 일이 생길 수 있을까? 내가 잠시 할 말을 잃고 있으니 김 실장이 아주 명료하게 상황을 설명해줬다. 탄환의 변형 형태를 관찰해보니 탄환 한 면이 평평하게 눌린 것이, 아무래도 직접 쏜 탄환이 아니라 다른 곳에 부딪혀 튕겨진 유탄이라는 것이다. 아마 탄환에 직접 맞았다면 누구라도 사망했을 텐데 유탄이었기 때문에 생명에는 큰 지장이 없었던 것 같다고 말했다.

외관 검사와 더불어 성분 시험을 실시했다. 외관 검사에서는 탄환의 무게, 길이와 더불어 탄환의 둘레를 측정해 구경을 판정하였고, 강선흔을 식별하여 발사 총기와의 연관성을 찾았다. 또한 탄환의 표면, 외부, 피갑, 탄심의 금속 성분을 조사했다. 구리, 아연, 철, 납, 텅스텐 등 탄환마다 금속 성분이 다르기 때문에, 이것들은 탄환의 종류를 확인하는 데 중요한 정보가 된다.

탄환 3개 중 유탄이라고 했던 것의 피갑 성분은 구리였고, 내부의 주 소재는 납으로 청해부대가 보유하고 있는 탄환과 동일했다. 나머지 2개 중 하나는 파편의 성분이 구리이고 내부에서는 납이 검출되었으며, 구경의 너비를 보아 AK-47 계열의 총기에서 사용하는 탄환인 듯했는데, 실제로 해적들은 AK-47 계열의 총기를 사용하고 있었다. 그런데 나머지 1개의 탄환은 형태, 소재 등의 특성과 관련된 자료를 찾을 수 없었다.

피랍 사건을 규명하기 위해 아덴만으로 떠나다
—

외관 검사 후 정밀 검사에 들어가려는데 김 실장이 어려움을 토로했다. 탄환이 발사된 총기의 종류를 파악하려면 사건에서 사용된 총기를 확인해야 하는데, 전체 총기류가 아덴만에 있는 해군 청해부대에서 보관 중이라는 것이다. 그런데 국가 간 총기류의 항공 운송은 엄격하게 제한되어 있고, 이를 배로 전달받으려면 한 달이 넘게 소요될 예정이었다. 총기류 증거물 없이는 석 선장 총격 혐의에 대한 직접적인 증거를 찾을 수 없어 곤란해 하던 중, 남해 해경과 상의한 끝에 수사팀과 감정팀이 아덴만으로 직접 가서 총기류를 보고 오기로 했다.

결정이 난 후 설날 하루 전에 총기연구실의 김 실장과 유전자분석실의 최 실장이 부랴부랴 서둘러 아덴만으로 떠났다. 최대 명절인 설

연휴를 앞두고 사건 해결을 위해 먼 여정도 감수하고 떠나는 두 사람에게 고맙고 미안한 마음이 들었다. 김 실장을 비롯해 오만에 도착한 수사팀과 감정팀은 노획한 총기류를 꼼꼼하게 살피면서 누가 총을 쏘았는지를 증명할 수 있는 방법을 찾기 시작했다. 감정팀은 총기를 어깨에 멜 때 사용하는 멜빵을 보는 순간 쾌재를 불렀다. 더운 나라에서 총을 메고 다녔으니 당연히 멜빵에 땀이 묻어 있을 것이고 이를 통해 유전자를 분석할 수 있으므로, 멜빵의 주인만 찾으면 누구의 총에서 탄환이 발사되었는지 알 수 있기 때문이다. 오염이 되지 않도록 조심히 멜빵을 채취했고, 총기류 하나하나를 면봉으로 닦아 증거물을 최대한 확보했다. 그 증거물에서 총 소유주의 유전자를 분석해낼 수 있다면 사건의 결정적인 증거가 될 수 있었다. 비록 총기는 한국에 가지고 오지 못했지만, 대신 총의 소유주를 밝혀줄 멜빵을 가지고 올 생각을 하다니 정말 탁월한 발상이었다.

석 선장을 쏜 범인은 누구일까?
—

당시 우리나라에 생포되어 온 해적 5명은 소말리아 북부 부틀랜드, 모사소 지방 출신으로 나이가 19세에서 24세 사이였고, 이중 한 명은 총상을 당해 국내에서 탄환을 제거하는 수술을 받았다. 이번 사건에서 가장 중요한 점은 다섯 명의 해적 중 누가 석 선장에게 총격을 가했는가를 밝히는 것이었다. 다섯 명 중 나이가 많은 편에 속하는 아라이가 수사 초기 본인이 석 선장을 쏘았다고 시인했다가 진술을 번복

하면서 수사 진행에 어려움이 있었다. 한국인 선원 3명과 동료 해적이 아라이가 석 선장을 쏘았다고 지목했음에도 불구하고, 그는 총격 혐의를 완강하게 부인하면서 총에는 손도 대지 않았다고 주장했다. 오만으로 떠난 감정팀의 도움이 필요한 상황이었다.

유전자분석실의 최 실장은 귀국하자마자 청해부대에서 노획한 총기류의 멜빵 11개와 총기류를 닦은 면봉을 가지고 유전자 분리 실험을 실시했다. 다른 한편에서는 생포된 해적들에게서 채취한 모발로 유전자 분리 실험을 실시하고 있었다. 드디어 멜빵을 가지고 진행한 유전자 분석이 끝나, 모발에서 분리한 유전자와 비교했다.

멜빵에서 분리한 유전자형을 샘플 1번부터 하나하나 맞추어 가는데 11번째 총기 멜빵에서 나온 남성 유전자가 해적 모발과 비교했더니 완벽히 일치했다. 11번째 멜빵에서 추출된 유전자와 아라이의 유전자가 동일함이 증명되는 순간이었다. 범죄 사실을 입증할 수 있는 결정적인 자료를 확보하게 되다니, 오만까지 다녀온 보람이 있었다. 결과를 보여주니 아라이가 본인이 석 선장을 쏘았다고 자백했다.

설 전날 감정 의뢰를 받고서 이어지는 연휴 내내 사고 현장에 머물던 두 연구실의 실장들은 귀국하고 나서도 쉴 줄을 몰랐다. 주말 내내 증거물을 가지고 실험을 진행한 뒤 월요일에 그 결과를 종합적으로 정리해서 이를 바탕으로 감정서를 작성했다. 특히 멜빵을 이용한 유전자 분석 결과를 통해 자백을 유도했던 사례는 과학수사의 진수를 보여준 사건이었다.

국과수에서
불량식품을 조사한다고?

4장

바로 우리 곁에서 활약하고 있는 국과수 사람들

참기름 냄새가
진동하는 연구실

: 식품연구실의 활약

국과수에서 가짜 꿀을 판별한다고?

—

몇 년 전 신문에서 "값싼 물엿 섞어 넣은 가짜 꿀 29억 원어치 유통"이라는 제목을 단 기사를 읽으면서 어쩌면 세월이 지나도 이 문제가 근절되지 않았는지 조금 허탈해한 기억이 있다. 불량식품은 1972년 수도 치안의 당면 과제로 도범, 공해, 교통문제와 함께 4대 공적으로 지정돼 정부에서 이를 근절하려고 노력해왔음에도 불구하고 만드는 수법만 바뀌었지 여전히 음식을 가지고 사람들을 속이는 일이 빈번히 발생하고 있었다.

1960년대만 해도 우리나라에서 벌꿀은 일반인들에게는 쉽게 구할 수 없는 선망의 대상이었다. 이후 개량벌이 들어와 벌꿀의 공급이 늘긴 했지만 여전히 수요에 대응하지 못해 가짜 꿀이 유통되기 시작했다. 가짜 꿀 문제가 점점 심각해지자 양봉 조합, 축산 조합에서 직접 나서 "진짜 꿀 고르는 법을 알려드립니다"라며 진짜 꿀과 가짜 꿀을 구별하는 방법을 일반인들에게 알려주고자 했지만 제조업자들의 위조 능력이 워낙 뛰어나 맛이나 색, 점도 등의 요소로는 판별하기가 어려워 별로 소용이 없었다.

가짜 꿀을 만드는 방법도 시대에 따라 달랐는데 1960~1970년대에는 주로 설탕에 색소, 카바이드 등을 넣거나 꿀 향료, 백반 등을 넣어 가짜 꿀을 만들었다. 1980년대에는 물엿과 설탕을 섞어 만든 가짜 꿀의 유통이 늘어났는데 1988년 당시 소비자 보호 단체의 의뢰에 따라 꿀을 검사한 결과 55%가 가짜였다는 보도가 있을 정도였다. 이 외에도 냇물에 설탕과 물엿, 사카린을 섞어 끓여 만든 사례가 있는가 하면,

벌꿀에 캐러멜 색소와 밀가루를 넣어 가짜 꿀을 만든 사례도 있었다. 그 밖에도 꿀에 초콜릿, 꽃가루를 섞는 등 기상천외한 방법이 많았다. 가장 일반적으로는 아래층에 물엿을 넣고, 상층에 꿀을 덮어 꿀로 위장하거나 설탕을 가수분해한 후 꿀의 향을 가미하는 방법이 쓰였다.

나는 1978년 국과수에 입사할 당시 바로 중요한 감정 일을 맡아 진행하게 될 거라는 기대에 마냥 설렜다. 그런데 기대와는 달리 출근하자마자 실험 기구 닦는 일만 하고 약 8개월가량 주로 위내용물, 혈액에 관한 실험보조만 하게 되어 실망이 이만저만이 아니었다. 점점 내가 여기에서 정말 필요한 사람인가 하는 의문이 들기 시작했고, 나도 주도적으로 감정을 진행해보고 싶어 조바심이 났다. 지금 생각하면 어디서 그런 용기가 생겼는지 모르겠지만, 당시 과장님을 찾아가서 정말 열심히 일할 자신이 있는데 지금 이 상태에서는 도저히 할 수 없다고 말씀드리니 다른 부서에 배치해주었다.

새로 배치된 부서에서는 과장님이 일본에서 직접 당 성분을 분리하는 기술을 배워와 이를 바탕으로 가짜 꿀 판별을 위한 실험을 진행하고 있었다. 마침 액체크로마토그래프라는 고가의 장비도 들여와 본격적으로 꿀 실험을 하려는 찰나였다. 일반적으로 국과수에서 살인 사건 등 강력범죄 사건과 관련된 일만 처리하는 줄 알지만, 가짜 꿀이나 가짜 참기름 식별처럼 보통 사람들의 일상과 관련된 '생활 밀착형' 조사 업무도 수행해왔다.

나는 새로 맡게 된 일에 신이 나서 열심히 공부하고 기기 쓰는 법을 익혔다. 그 당시 가짜 꿀을 판별하는 방법으로는 식품공전(식품위생법에 따라 식품 및 식품첨가물의 제조 가공 사용 조리 보존 방법에 관한 기준과 식품첨가물의 성분 및 기구 용기 포장의 제조 방법에 관한 규정을 정리해놓은 기준서)을 사용하였는데 이 방법만 가지고는 가짜 꿀을 판별하는 데 한계가 있었다. 이 방법으로는 당류를 구별할 수 없어 물엿을 넣었다 해도 가짜임을 판정할 수 없었기 때문이다. 이런 때에 정밀 장비를 구입해서 실험할 수 있다니 시기가 아주 적절했다. 그리고 나 스스로도 벌꿀 진위 여부를 판정하는 방법을 확립하는 것이 시대적으로 요구되던 차에 그 담당 부서에 배치받아 일을 하게 됐으니 정말 즐거웠다. 우선 나는 단맛을 내는 과당, 포도당, 설탕, 맥아당 등의 당 성분 표준품을 분리해내는 일을 맡았다. 표준품을 구해 당 성분이 가장 잘 분리되는 조건을 만든 다음, 이동상 액체의 조성을 바꾸어가며 성공적으로 이들을 분리해냈다. 그러나 기뻐하기는 일렀다. 당 성분을 비교하기 위해서 표준으로 삼을 진짜 꿀을 구하는 것부터가 쉽지 않았다. 전국 각 지역에서 생산되는 아카시아꿀, 잡화꿀, 밤꿀 등을 수소문해서 구하긴 했지만, 이를 증명할 방법이 없어 그저 판매자의 말을 믿는 수밖에 없었다. 이에 일단, 식품공전을 기준으로 실험을 실시하고 이 규격에 통과된 벌꿀은 액체크로마토그래프 장비로 분석하면서 정확성을 높여나갔다.

새로 개발한 방법을 통해 각 벌꿀 샘플들로 실험했더니 과당과 포도당의 함량뿐 아니라 설탕의 양까지 정확하게 파악할 수 있었고, 물엿이 함유된 경우는 맥아당이 검출되어 물엿의 함유까지 판별해낼 수 있어 정말 놀라웠다. 기존의 식품공전을 이용한 실험으로는 과당과 포도당이 함께 검출되는 단점이 있는데다 물엿의 성분인 맥아당은 전혀 분리할 수 없었는데, 새로운 실험 방법으로는 짧은 시간 안에 설탕의 양을 측정하고 물엿까지 판별해낼 수 있어 신나는 마음에 한동안 실험실에서 살다시피 했다. 그 당시 시판되는 가짜 꿀의 대부분은 물엿을 섞기 때문에 맥아당 검출은 가짜와 진짜를 구별하는 아주 중요한 요인이 되었다.

실험 방법이 확립되고 얼마 있지 않아 1979년 3월 전주지방검찰청 남원지청 등 수사 기관에서 벌꿀이 진짜인지 가짜인지에 관한 의뢰가 들어와 새로 개발한 방법을 실제로 적용해볼 수 있었다. 실험이 안정되어 신속하고 정확하게 결과를 통보할 수 있게 되자 뿌듯했다. 1981년 4월에는 치안본부 특수대에서 대대적으로 가짜 꿀에 관한 수사를 하며 백화점, 슈퍼마켓 등에서 판매하는 벌꿀을 수거하여 의뢰했다. 시료의 수가 많았지만 확립해둔 실험 방법에 따라 가짜, 진짜 여부를 신속히 통보해줄 수 있었다.

그 후 어느 날 실험실에 있는데 치안본부 특수수사대 측에서 방문을 요청하는 전갈이 왔다. 그 당시 연구원은 치안본부와 같이 현재 경찰청이 있는 미근동 전매청 자리에 있었다. 영문을 몰라 하며 그곳으로 갔더니, 가짜 꿀 판별 실험 방법 덕분에 가짜 꿀 7억 원대를 만들어 판매한 일당을 구속할 수 있었다고 한다. 이와 관련해 KBS방송에서 취재 중인데 인터뷰를 해달라는 것이었다. 처음 텔레비전에 출연하는 것이라 떨리는 마음을 겨우 진정하고 깨끗한 가운으로 갈아입은 뒤, 간단하게 실험 과정과 꿀의 진위 여부를 판별하는 방법을 설명했다. 그날 뉴스가 방송된 후 지인들로부터 연락을 많이 받았고, 소장님께 표창장도 받았다. 벌꿀 덕분에 텔레비전 방송에 출연도 하고, 국민의 건강을 지키는 데 나도 한몫한 것 같아 직업에 자부심이 생기며 정말 뿌듯했다.

　그런데 국과수에서 문제를 해결할 실험 방법을 개발했다 하더라도, 대부분의 경우 범죄가 지능화되기 때문에 또다시 범죄의 흐름을 추적하면서 새로운 실험법을 개발할 필요가 있어 늘 긴장의 끈을 놓치지 말아야 했다. 벌꿀의 경우에도 가짜 꿀을 만드는 사람들이 1990년대 이르러서는 벌꿀의 당 성분과 흡사한 이성화당(포도당과 과당이 혼합된 액상의 감미료)을 첨가하여 가짜 꿀을 만들고, 벌통 앞에 설탕을 놓아 벌이 직접 설탕을 먹어 생산하는 사양꿀이 논란이 되어 식품실 후배들을 긴장하게 하였다. 이성화당의 경우엔 과당, 포도당 함량이 벌꿀의 당 성분과 거의 같기 때문에 기기를 이용한 실험법에 의해서도 판별되지 않아 새로운 검출 방법을 고안해야 했고, 사양꿀의 경우 설탕을 벌에게 주입하는 것에 관한 사회적, 윤리적인 논란은 접어두고서, 과학자의 입장에서 진짜 꿀과 벌이 설탕을 먹고 만든 꿀을 구별하는 실험 방법을 확립할 필요가 있었다.

　이렇게 끊임없이 새로운 감정 기법을 개발해야만 사건을 해결할 수 있어 도전 정신을 요구하는 국과수 일은 참으로 매력적이지만 항상 집념과 끈기를 요구한다. 사양꿀의 경우도 후배들이 탄소의 동위원소 비율을 측정해 다양한 시료에 적용하는 기술을 활용하면서 사양꿀과 천연꿀을 판정하게 되었다고 하니 얼마나 자랑스러운지 모른다. 날마다 변모하는 수법에 대응할 새로운 실험 방법을 찾기 위해 열중하는 후배들을 보면 30년 전 꿀 시료에 코를 박고 실험하던 나의 모습이 겹쳐져 흐뭇해진다.

판매용 참기름 80%가 가짜?

—

벌꿀뿐만 아니라 우리나라 사람들이 요리에 많이 사용하는 조미료인 참기름 또한 가짜가 많았는데 참기름에 이미 사용했던 폐유를 섞거나 고추씨 기름 등을 섞어 팔아 문제가 되었다. 가짜 참기름도 오래전부터 문제였는데 1980년 이후만 살펴보면 1985년 4월에는 7년간 시가 백억 원어치의 가짜 참기름을 유통해온 사건이 알려지면서 나라가 발칵 뒤집혔다. 이는 전국 참기름 공급량의 80%에 해당하는 어마어마한 양으로, 식품 공장이나 튀김집 등지에서 사용한 폐유를 수거해 찌꺼기를 거르고 소다로 산가를 낮춘 다음 고추씨, 들깻묵 등에서 짠 기름을 섞어 참기름을 제조한 것이었다. 심지어 1988년에는 기름에 화공약품인 노르말헥산(솔벤트), 가성소다(양잿물)를 배합해서 가짜 참기름을 만들어 판매한 경우도 있었다.

이후엔 중국산 수입 참깨가 국내에 들어오면서 중국산 깨로 만든 참기름을 국내산이라고 속여 팔아 문제가 되었다. 국내 참깨 값이 비싸기 때문에 참기름 가격도 국내산이 일본산, 대만산보다는 5배, 싱가포르보다는 11배 정도 비싸지자, 외국의 싼 참기름이 국내에 많이 유통되기 시작한 때였다. 그 당시엔 주로 밀수 형태로 참기름이 외국에서 들어왔기 때문에 창고에서 오래 묵히는 동안 산패가 진행되어 국민 건강을 위협할 수 있었다. 외국에서 들어오는 참기름은 제유 방법도 우리와 달라 볶지 않은 상태에서 착유했기 때문에, 참기름 특유의 고소한 냄새가 없고 이상한 냄새가 섞여 났지만 가격이 싸다는 이유로 널리 유통되었다. 가짜 참기름으로 인한 사회 문제도 끊임없이 발생하여 1992년, YWCA가 시판되는 참기름을 수거하여 실험해보았더니 놀랍게도 78%가 콩기름, 옥수수기름이 섞인 가짜로 판명됐다. 그런데 차라리 콩기름이나 옥수수기름을 섞는 것은 양호한 경우고, 인체에 유해한 정제되지 않은 채종유나 면실유를 섞는 사례도 있었다. 더 나쁜 것은 폐유를 사용하는 경우였는데 폐유의 산가를 맞추기 위해 공업용 가성소다를 사용한 것이다. 가성소다 자체가 화학 물질이라 해로운데다 가성소다를 사용해도 이미 폐유가 변패했을 가능성이 커서 과량 복용할 경우 복통을 일으킬 위험도 있었다. 이에 1980년대 국과수에서는 참기름의 진위를 판별해내는 것이 커다란 과제였다. 마침 일본 과학경찰연구소 연수를 통해 화재 현장에서의 광물유, 식물유, 동물유의 구성 성분을 분리하는 실험법을 익히고 귀국한 과장님의 이론을 바탕으로 참기름의 진위를 판별할 실험법을 시도해보기로 하였다. 가짜 꿀에 관한 실험법을 확립한 다음이라 나는 다시 신나는 마음으로 참기름의 세계로 빠져들었다.

참기름의 진위 여부 역시 처음에는 가짜 벌꿀과 마찬가지로 식품공전에 의한 규격에 따라 실험을 진행했다. 그러나 이 방법으로는 혼입된 이종 기름이 참기름과 비슷한 향과 색상을 보일 경우 정확히 무엇인지 밝혀내기가 어려웠다. 이에 새로운 실험법을 개발해보기로 하고 먼저 표준품으로 사용할 진짜 참기름을 구하기 시작했다. 이에 국산 깨와 멕시코산 깨를 실험실에서 제유한 것과 국내 제조 회사에서 생산된 참기름, 가정에서 직접 참깨를 볶아 제유한 참기름 등을 구해 진짜의 기준으로 삼았다. 그 밖에도 참기름을 직접 짜내는 서울의 재래시장을 찾아다니며 여러 종류의 참기름을 구입했다. 식물유는 지방산이 주성분인데 그 종류가 아주 많을 뿐 아니라 유사하여, 지방산만으로 식물유의 종류를 판별하기가 어려웠다. 참기름의 경우에도 함유하고 있는 여러 종류의 지방산 중 몇 가지는 콩기름 및 다른 식물유도 함유하고 있고, 보관 조건에 따라 산패로 인해 성분이 쉽게 변할 수 있어, 각 지방산의 함량 비교만으로는 참기름임을 판별하기 어려웠다. 이 때문에 참기름만의 특이 성분을 찾아낼 필요가 있어 여기에 집중하여 실험을 진행했다. 양은 적지만 기름의 불검화물(지방산을 제거한 물질) 중에 존재하는 스테롤이 기름의 종류에 따라 그 비율이 일정한 것에 착안해 식물성 스테롤을 각각 측정해보기로 했다.

　기름을 분해한 다음 지방산, 탄화수소, 고급 알코올류를 제거한 후 스테롤 성분을 하나하나 확인하고, 식물유 종류에 따라 그 비율을 비교하는 방법을 시도하였다. 주성분인 지방산을 제거하는 과정이 쉽지 않아 많은 시행착오를 거친 끝에 드디어 지방산을 제거한 다음 스테롤 성분만을 분리, 정제하는 방법을 습득했다. 지금은 역사 속으로 사라졌지만 컬럼크로마토그래프라고 하는 유리관에 흡착제를 충진해 화학 성분을 분리하는 방법을 활용했는데 미량 함유된 스테롤을 얻기 위하여 수많은 유리관을 닦아 말리고, 여기에 흡착제를 충진하여 분리하는 과정을 얼마나 여러 차례 시도했는지 모른다. 흡착제를 넣고 유리솜을 채워 마무리할 때 유리솜에 찔리지 않으려고 애쓰며 실험을 거듭했다. 이렇게 어렵게 컬럼크로마토그래프로 얻은 분획을 가스크로마토그래프로 분석했더니 식물성 스테롤 성분인 캄페스테롤, 스티그마스테롤, 베타시토스테롤이 분리될 뿐 아니라 식물성 스테롤 성분의 양과 종류가 식물유마다 다름을 확인할 수 있었다. 이 결과를 보는 순간 참기름과 다른 식물유를 구별할 수 있겠다는 자신감이 생겼다.

각종 식물성 식용유에 함유된 스테롤을 측정해본 결과 참기름에서 스테롤의 종류가 콩기름, 옥수수기름과는 다를 뿐 아니라 참기름에만 검출되는 미지의 물질이 있었다. 콩기름 등 다른 종류의 식물유에서는 이 물질이 전혀 검출되지 않았기 때문에 이 성분이야말로 참기름의 진위 판별에 아주 중요한 요소가 될 것이라는 확신이 들었다.

참깨로 제유한 참기름 시료에서는 미지 물질의 함량이 크게 나타나는 반면, 시장에서 구입한 값싼 참기름에서는 아주 적게 나타났다. 이 물질이 무엇인지 그 당시 기술로는 확인할 수 없어 우선 미지 물질이라고 이름 붙인 채 함량 측정을 계속했는데 진짜 참기름이라고 구한 시료에서는 역시나 미지 물질이 아주 많이 나오고, 시장에서 구한 가짜라고 생각되는 시료에서는 아주 소량이 검출되었다. 기준을 잡기 위해 캄페스테롤을 기준으로 하여 함량비를 측정했더니 참깨로 직접 제유한 기름에서는 캄페스테롤 대 미지 물질의 비가 4 이상이었고, 회사에서 구입한 참기름은 3.5~4.3 사이였다. 그리고 각 가정에서 제유해온 참기름은 모두 3.3 이상이었다. 이에 따라 캄페스테롤 대 미지 물질의 비가 일정 이상이 되면 진짜 참기름이라고 판정할 수 있다는 확신이 들었다. 이를 지표로 삼아 시장에서 싸게 구입한 참기름을 측정해봤더니, 그 비가 0.38로 아주 낮은 경우도 있었다. 주로 값이 싼 참기름이 미지 물질의 비율이 낮은 편이었다. 따라서 이 비율에 따라 참기름의 진위 판별 기준을 삼을 수 있게 되었다.

참기름 표준품에 관한 기준을 확립한 다음, 시장과 음식점에서 구한 참기름 65종을 대상으로 실험해봤더니 이중 40%에 해당하는 26종만

이 일정 비율 이상의 미지 물질을 함유하고 있었고, 나머지는 그 비가 낮아 이종 기름의 혼입을 추정할 수 있었다. 이러한 실험 결과는 참기름 진위 판정에 사용할 뿐 아니라, 참기름에 함유된 특이 성분을 검출한 학문적인 의의도 있어 이 내용을 영양학회에서 발표하기도 했다.

미지 물질의 정체를 밝혀라

—

다음 단계는 바로 참기름에 포함된 미지 물질의 정체를 파악하는 것이었다. 우선 참기름에서 미지의 물질을 분리하기로 했다. 그런데 참기름은 올레인산 40%, 리놀레인산 45% 등으로 대부분이 지방산으로 구성되어 있어, 미량의 스테롤을 분리하고 또 거기에 포함된 극미량의 미지 물질을 분리하기란 결코 쉽지 않아 보였다. 하지만 컬럼크로마토그래프를 수도 없이 시도한 끝에 미지 물질을 분리해냈고, 이를 대상으로 질량분석기를 사용하여 분자량을 측정하였다. 그 당시 우리나라에는 질량분석기가 거의 없었는데 국과수에 최초로 Finnigan 4021이라는 질량분석기가 도입됐다. 지금의 장비와 비교해 보면 우스울 정도로 그 크기가 컸는데, 데이터를 넣는 카트리지가 농구공 3배 정도의 크기였다. 그럼에도 불구하고 실험 결과를 두세 개밖에 넣지 못해 지금 USB 등 IT 기술과 비교하면 정말 격세지감을 느끼지 않을 수 없다. 어쨌든 질량분석기가 확보되니 이를 가지고 미지 물질을 분리해 분자량을 확인하는 작업을 원없이 진행할 수 있었다.

수차례 시도 끝에 마침내 데이터베이스를 통해 미지 물질이 바로 세사민이라는 것을 알아냈다. 세사민은 참깨의 특이 성분으로 참깨에 0.4~1.0%가량 들어 있는 물질이었다. 미지 물질의 정체를 밝히고 얼마나 기뻤는지 모른다. 그러나 데이터베이스에서는 확인되었지만 표준품을 구해 실제로 확인해보고 싶었다. 사방팔방으로 표준품을 구하려고 애를 쓰다 보니 일본 오사카대학 교수가 표준품을 갖고 있다는 것을 알게 되었다. 여러 가지 통로로 알아본 끝에 드디어 세사민 표준품을 전달받아 실험할 수 있었다. 분자량 등 질량분석 결과가 똑같이 일치하는 순간 커다란 희열을 느꼈다. 이후 다시 서울 시내 지역별로 50종의 참기름을 수집해 세사민 함량을 측정했는데, 역시 참기름 외에 다른 기름이 섞인 기름은 함량이 부족했다. 세사민 함량을 기준으로 한 진위 판별법은 이후 널리 사용되었고, 과학자로서 좋은 연구 결과를 얻었다는 만족감뿐 아니라 국민들의 일상에까지 도움을 주게 된 것 같아 뿌듯했다.

질투가 부른 쥐식빵 자작극

: 동위원소 분석법

식빵에서 쥐가 나왔어요!

—

2010년 12월, 제빵 업계가 가장 분주한 시기인 크리스마스를 앞두고 전혀 예상치 못한 사건이 발생했다. 일명 '쥐식빵 사건'으로 한 인터넷 사이트에 "쥐, 쥐, 쥐 고발하면 벌금이 얼마인가요?"라는 제목으로 식빵 속에 들어 있는 쥐 사진과 함께 식빵을 구입한 빵집의 영수증이 올라오면서 사건이 시작되었다. 게시글은 급속도로 퍼져나갔고, 네티즌들이 들끓기 시작했다.

이에 경찰이 서둘러 수사에 착수했고, 가장 먼저 해당 글이 어디에서 작성되었는지 기본 조사를 실시했다. 컴퓨터 IP 조사를 통해 평택에 있는 한 피시방에서 누군가 게시글을 올린 것을 밝혀냈으며, 이윽고 서로 경쟁하는 근처의 한 제과점 주인이 다른 사람의 아이디를 도용해 게시글을 올렸다는 것까지 밝혀지면서 사건이 해결되는 줄 알았다. 그런데 이 와중에 문제의 제과점 주인이 인터넷 언론사와의 인터뷰에서 쥐식빵을 본인이 직접 발견했다고 주장했고, 쥐식빵을 팔았다는 제과점은 절대 그런 일이 없다고 게시글을 올린 경쟁 제과점의 사장을 허위 사실 유포 혐의로 고소했다.

상황이 이렇게 전개된 이상 경찰은 쥐가 나왔다는 식빵이 어느 빵집에서 구워졌는지, 어떤 과정에서 쥐가 식빵 속에 들어갔는지를 파악하는 것이 급선무였기 때문에, 쥐가 든 식빵과 쥐식빵을 판매했다는 제과점에서 구운 다른 식빵 등을 채취하여 국과수에 정밀 감정을 의뢰했다.

크리스마스 다음 날 의뢰된 증거물은 생각보다 많았다. 문제의 식빵을 비롯하여 양쪽 제과점의 식빵 완제품과 반죽 등의 재료, 두 제과점에서 사용하는 빵 틀 등 20여 점에 이르렀다. 의뢰 사항 역시 많았는데 쥐가 들어 있던 식빵의 구성 성분은 어떠한지, 식빵은 언제 만들어졌는지, 빵을 구울 때 사용된 기름의 종류는 어떤 것인지, 양은 얼마나 되는지 그리고 빵 속에 있는 쥐가 야생쥐인지 집쥐인지 또는 실험쥐인지 애완용 쥐인지를 물어왔다. 그 밖에 쥐가 빵에 들어간 시기가 빵이 구워지기 전인지 후인지, 그리고 빵 틀과 빵의 성분을 통해 어느 제과점에서 문제의 식빵이 만들어졌는지 등도 의뢰했다.

어디에서 구워진 식빵일까?

—

쥐식빵 사건은 불량식품을 감정하는 식품연구실로 분류되어 그곳에서 외관 검사와 빵의 성분 분석을 맡기로 했고, 빵 틀에 관한 실험은 미세물질실에서 진행하기로 했다. 먼저 식품연구실에서 살펴본 결과 빵은 속에 밤이 들어 있는 밤식빵이었는데, 식품연구실 정 실장의 말에 따르면 빵 속에 쥐가 아주 깨끗한 상태로 보존돼 있는 것으로 보아 문제가 생각보다 쉽게 풀릴 거 같다고 했다.

만약 구워진 빵 속에 쥐가 들어갔거나 쥐를 넣었다면 그 주변이 부서져 있어야 할 텐데, 문제의 식빵은 모양에 전혀 이상이 없는 것을 미뤄볼 때 애초에 반죽 상태에서 쥐가 들어 있는 채로 구워졌을 가능성이 크다는 것이었다. 꼼꼼하게 외관을 관찰하는 것만으로도 상황을 재구성하는 연구원들의 능력에 감탄했다. 이것만으로도 쥐가 빵에 들어간 시기가 빵이 구워진 후가 아니라 그전에 이미 들어갔음을 명쾌하게 답할 수 있었지만, 더 많은 질의 사항이 있었기 때문에 정확한 데이터로 경찰 측에 답을 하기 위해 정밀 실험을 진행히였다.

빵의 성분 분석을 위해 정밀 실험에 착수한 식품연구실은 맨 먼저 빵 틀에 사용된 기름의 종류와 양을 알아내기 위해 기름 성분인 지방산 함량 실험을 하였다. 먼저 문제의 쥐식빵과 대조품으로 의뢰된 두 제과점에서 제조한 식빵의 껍질 부분과 바닥 부분을 준비해 지방산 검사를 실시했다. 빵 틀에 칠하는 기름의 종류가 제과점마다 다르기 때문에 지방산의 함량으로 제조 제과점을 판별할 수 있기 때문이다. 검사 결과 예상한 대로 두 제과점의 빵의 지방산 함량이 두 제과점이 서로 달랐다. 문제의 식빵 윗부분과 바닥 부분 성분에서 검출된 지방산 함량 결과는 쥐식빵을 팔았다는 제과점이 아닌, 글을 게시한 사람이 운영하는 제과점에서 판매하는 식빵의 지방산 함량과 일치하는 결과가 나왔다.

그리고 성분 실험을 통해 소금 등 무기물 함량을 측정하기로 했다. 소금의 양은 식빵의 맛을 좌우하는 요소로 이 또한 제과점마다 넣는 함량이 달라 이번 사건에서 중요한 정보로 작용할 가능성이 컸다. 실험 결과 나트륨의 양도 오히려 게시자의 제과점에서 제조한 식빵에서 검출된 함량과 유사하였다. 나트륨 외에도 칼슘, 마그네슘, 철 등 미네랄 성분을 측정하였는데 이들 역시 큰 차이는 없었지만 오히려 게시자의 제과점 식빵의 성분 함량과 흡사했다. 여러 차례 실험을 진행할수록 문제의 쥐식빵은 글 게시자의 제과점에서 만들었을 가능성이 커지고 있었다.

식품실에서 성분 실험을 진행하는 동안 미세물질실에서는 문제의 식빵에서 발견된 문양이 두 제과점의 것 중 어떤 것과 일치하는지 실험을 통해 살펴보았다. 식빵을 굽다보면 빵 틀 바닥의 문양이 빵 밑에 자연스레 찍혀나오기 때문이다. 두 제과점 빵 틀은 모두 문양이 3개씩 있었으나 그 위치가 달랐다. 이를 바탕으로 쥐식빵에 찍힌 문양과 비교해보았더니, 문양의 거리와 바닥면의 폭이 글 게시자의 제과점에서 쓰는 빵 틀과 동일하였다. 이와 더불어 미세물질실에서는 원소분석기-탄소 안정 동위원소비를 측정하는 최신의 질량분석기로 쥐식빵 속에 있는 밤, 땅콩, 빵속 등을 분리하여 동위원소비를 비교하였다.

새로 들여온 고가의 장비를 이번 기회에 제대로 사용할 수 있어 기분이 좋았다. 동위원소 비율을 측정하는 기술은 과학수사 분야에서 아주 다양하게 쓰이며 각광을 받고 있다. 예를 들면 탄소 동위원소의 비율 측정으로 폭약의 원산지를 알아냄으로써 국가 대테러 사고의 해결에 활용하기도 하고, 꿀이나 포도주 등 음식의 생산지를 파악하여 진위여부를 판정할 수 있을 정도로 활용도가 큰 최신 기기이다.

이 기술이 주목받고 있는 또 다른 이유 중 하나는 비파괴적인 분석법이라는 점이다. 일반적으로 사건과 관련되어 의뢰되는 증거물은 매우 소량이거나 하나밖에 없는 경우가 많기 때문에 최대한 증거물을 훼손하지 않고 실험하는 것이 좋은데 이런 목적에 가장 적합하게 사용할 수 있는 기구이다. 최근 국내에서 이 기술을 통해 배추 원산지를 추적하여 중국산인지 국산인지를 판별할 수 있었다. 또한 인삼, 한약재, 김치, 고추, 목재, 천일염 등의 원산지 판별법에도 적용되고 있는데 마약 전공자로서, 이 기술을 대마나 양귀비 등의 마약 원산지 추적에도 활용하고 싶다는 생각을 늘 하고 있다. 대마의 원산지를 파악하면 마약 수사에 큰 도움이 되기 때문이다. 원산지나 제조지를 추적할 수 있다면 국제 공조를 통해 마약의 공급을 차단할 수 있을 것이다.

그러나 동위원소 분석 기술을 통해 원산지를 추적하려면 무엇보다도 데이터베이스 구축이 필요한데, 아직 이 부분이 부족하다. 실험 대상 물질에 관해 국내산, 외국산 등 산지가 확실한 표준 제품 등을 확보해야 하는데 이 점이 쉽지 않은 것이다. 일단 표준품이 확보되면 표준품의 동위원소 특성값을 미리 측정하여 데이터베이스를 만들 수 있고, 실험 결과를 해석하는 데도 가속도가 붙을 것이다. 이번 사건에서도 동위원소 분석 기술을 이용해 쥐식빵을 검사했는데, 그 결과 쥐식빵의 동위원소 비율 성분이 글 게시자의 제과점 식빵과 일치함을 밝혀냈다. 이 사건을 통해 동위원소 비율을 측정하는 기술이 미래의 과학수사에서 더욱 큰 역할을 담당하리라고 확신하게 되었다.

식빵 속 동물의 정체
—

다음은 식빵 속의 이물질인 쥐의 정체를 밝힐 차례였다. 미세물질실에서는 식빵에 들어 있던 동물체를 정밀하게 관찰하기 시작했다. 그 과정에서 쥐 발톱에 무엇이 묻은 것 같아 현미경을 이용해 자세히 살펴보니 무색투명한 이물질이 앞발에 부착되어 있는 것이 보였다. 이를 어떻게 확인할까 고민하다 양은 적지만 적외선 분광광도계로 측정해보기로 했다. 그 결과 놀랍게도 끈끈이의 주성분이 검출되었고,

갑자기 실험실은 활기를 띠기 시작했다.

끈끈이 성분이 검출된다는 것은 용의자가 끈끈이 성분을 이용해서 쥐를 잡았을 것이라는 가설을 세울 수 있었고, 이를 근거로 용의자의 주변에서 쥐를 잡는 데 사용하는 끈끈이가 있는지 찾아봐달라고 경찰 측에 협조를 요청했다. 경찰은 용의자의 제과점에서 끈끈이를 찾아 수거해왔고, 이를 적외선 분광광도계로 측정했더니 쥐 발톱에서 채취한 접착제 성분과 끈끈이의 성분이 일치함을 발견했다. 쥐 발톱보다도 작은 증거물에서 사건 해결의 열쇠를 얻어내다니, 정말 국과수 요원들의 관찰력과 집념이 빛났다.

한편 유전자 센터에서는 동물체의 조직과 다리뼈 조직을 받아 유전자 검사를 실시하여 식빵 속에 있는 쥐가 가장 흔한 쥐종인 집쥐라고도 불리는 시궁쥐임을 밝혀냈다. 결국 이 사건은 나중의 보도에 따르면 쥐식빵을 발견했다고 글을 게시한 사람의 자작극으로 결론지어졌다. 연말연시 대목 때 제과점의 매출을 높이기 위해 엉뚱한 계획을 세워, 끈끈이를 가지고 골목에서 쥐를 잡아서 냉장고에 보관했다가 자신의 제과점 제빵기사가 퇴근한 뒤 경쟁 제과점 밤식빵과 비슷한 크기의 '쥐식빵'을 직접 구운 것으로 밝혀졌다.

욕망을 채우는 약

: 다이어트 약물과 비아그라

무시무시한 다이어트 약물과 그 부작용

—

좀 더 젊어지고 싶고, 아름다워지고 싶은 사람의 욕망은 끝이 없는 것 같다. 얼마 전 날씬해 보이는 대학생과 이야기할 기회가 있었는데, 놀랍게도 당사자는 스스로를 뚱뚱하다고 여기며 살을 빼기 위해 다이어트를 해야 한다고 말했다. 하긴 내가 국과수에서 근무를 시작하던 때부터 다이어트는 많은 여성에게 중요한 화두였던 것 같다. 그 당시에도 다이어트와 관련된 약물을 검사하기 위해 증거물을 갖고 열심히 씨름했으니 말이다. 다이어트와 관련된 약물은 종류가 다양한데, 내가 국과수에서 처음 일을 시작한 1970년대 후반에는 이뇨제가 주로 사용되었고 이후 외국에서 밀반입되는 다이어트용 차가 남용되다가 1990년대 후반에 들어서면서 중국 등으로부터 다이어트 약물이 유입되어 사회 문제를 일으키기도 했다. 주로 해외여행에서 돌아온 관광객들이 약물을 구입해 들어왔는데, 문제는 관광객들이 약물의 부작용은 전혀 알지 못한 채 단순히 다이어트 약물로만 인식하고 복용한다는 것이었다. 게다가 약물에는 표시 성분 외에 다른 불법 약물이 든 경우도 있고, 장기간 복용으로 심각한 부작용이 발생하기도 했다.

다이어트 약물의 변천을 보면, 1970년대부터 1980년대 초반까지는 살을 빼려는 사람들이 이뇨 작용을 이용하는 경우가 대부분이었다. 그 당시 이뇨제로 사용되던 L이라는 상품은 여성들 사이에서 다이어트 약물로 쓰였을 뿐 아니라 체중 조절이 필요한 운동선수들까지도 애용하면서 사회적 문제로 부각되었다. 체중 조절에 실패한 운동선수들이 이 약을 과량 복용하여 몸속의 수분을 무리하게 배출시키곤 했는데, 이 과정에서 탈수 현상이나, 염분 부족으로 신체 이상 증상 등의 부작용이 발생했다.

이후 1990년대에 들어서면서 다이어트용 차가 유행하면서 이뇨제는 그 자리를 내주었다. 다이어트용 차는 주로 중국에서 수입한 제품이었는데 연꽃잎 등 10여 가지 풀을 배합한 감비자차가 다이어트와 미용에 효과가 있다고 알려지면서, 중국을 여행하는 관광객들 사이에서 인기였다. 이와 더불어 아욱씨로 만든 동규자차 역시 비만 치료제로 각광받아 엄청난 양이 유입되었다. 그런데 다이어트용 차가 불티나듯 팔리자 더 강력한 작용을 기대하여 동규자차에 설사제인 센나 잎을 섞은 가짜 동규자차가 시중에 판매되기 시작했으며, 감비자차 역시 다른 불법 약물을 혼합한 제품이 출시돼 적발되었다. 일본에서는 1996년에 다이어트 효과를 증대하기 위해 감비자차에 펜플루라민을 섞어 판매하던 것이 적발되었고, 다이어트 차를 복용한 사람이 사망하는 사건이 발생하면서 다이어트용 차의 판매가 아예 금지되었다. 우리나라도 마찬가지였다.

중국산 다이어트용 차의 인기가 주춤해지는 사이 1990년대 중반에는 정제 형태로 제조된 다이어트용 약물이 중국으로부터 유입되기 시작했는데 이것이 바로 펜플루라민이었다. 분기납명편과 안비납동편이라는 어려운 중국 명칭이 국내에서 그대로 사용될 정도로 일반 사람들 사이에 남용되었다. 분기납명편은 펜플루라민 성분을 함유했고 안비납동편은 암페프라몬이라는 성분을 함유하고 있었다. 두 성분 모두 국내에서는 인체에 위해성이 인정되어 향정신성 의약품으로 지정, 사용이 규제된 상태였지만 중국에서는 규제되지 않아 관광객들이 이

보이지 않는 진실을
보는 사람들

224

를 모르고 구입해, 귀국길에 적발되면서 향정신성 의약품 취급 위반 혐의로 처벌을 받는 사례가 종종 발생했다. 값도 중국과 큰 차이가 있어 중국에서 천 원에 판매되던 약이 우리나라에 오면 2만 원에서 4만 원에 거래가 되니 중국산 다이어트 알약을 밀수해서 판매하는 경우가 급증하였다. 실제로 1997년 한 해 동안 인천항 국제여객터미널 여행객 휴대품 검사를 통해 압수한 분기납명편과 안비납동편이 자그마치 2,873갑으로 시가 3천만 원을 호가할 정도였다. 관광객들이 구입하여 국내에 유입되는 것과 더불어 조직적으로 밀수하는 사례도 급증하여, 1999년에는 컨테이너선을 개조하여 시가 17억 원어치의 분기납명편을 밀수한 일당을 검찰이 적발하기도 했다.

1996년 6월에는 25세의 여성이 중국산 비만 치료제를 먹고 환각 상태에 빠져 잠자던 두 살짜리 아들을 흉기로 찔러 살해한 사건이 발생했다. 그녀는 중국산 다이어트 약을 3만 원에 구입하여 16개월 동안 하루 6~7정씩 복용했는데, 그날도 약물을 복용하고 부엌에서 요리하던 중에 갑자기 "아들을 죽여야 세상 살기가 편해진다"는 환청을 듣고선 흉기로 아들의 배를 찔러 숨지게 했다는 것이다. 이 사건을 수사하던 서울 남부경찰서에서는 복용하고 남은 약물의 정체와 이 약물이 아기 엄마의 소변에서 검출되는지를 의뢰하였다. 병 속에 남아 있던 알약을 성분 검사 해보니 펜플루라민 성분이 검출되었는데 검사 결과 아기 엄마의 소변에서도 같은 성분의 약물이 검출되었다.

다행히 사회적으로 큰 물의를 일으킨 펜플루라민의 경우 부작용으로 심장판막과 심장동맥에 이상을 일으킬 수 있다는 학술 결과가 발표되면서 이후엔 찾아볼 수 없게 되었다. 2009년부터 중국에서 이 성분으로 제조한 약물의 판매가 중지되었는데 중국에서 제조가 되지 않으니 우리나라에서도 이 약물에 의한 사건은 더 이상 발생하지 않았다. 펜플루라민이 사라지자 이 물질의 화학구조를 조금씩 변형시켜 만든 유사 다이어트 약물이 등장했다. 구조를 미묘하게 바꿨다 하더라도 약리 작용이 다른데다 품질이 일정하지 않고, 부작용에 관한 검증도 되어 있지 않아 상당히 위험했다. 실제로 일본에서 이렇게 제조된 약물을 복용하고 사망한 경우가 3건이나 발생하면서 유사 다이어트 약물이 주목받게 되었다. 우리나라에서도 펜플루라민의 구조를 약간 바꾼 'N-니트로소 펜플루라민'이 옥미, 미황이라는 이름으로 건강식품으로 둔갑해 판매되면서 식품, 의약품 당국을 잔뜩 긴장시켰다.

중국산 다이어트 약의 국내 유입이 중단되자 이어 태국산 다이어트 약이 미용실 등지에서 유통되기 시작했다. 태국산 다이어트 약의 남용 정도는 관세청 조사로 쉽게 알 수 있었다. 1999년 관세청이 발표한 조사 결과에 따르면, 그해 적발된 다이어트 관련 약물 건수 중 44%가 태국으로부터 수입된 약물이었다고 할 정도로 태국산 다이어트 약물이 판을 쳤다. 태국산 다이어트 약물은 특별한 성분이 개발되어 포함된 것이 아니고, 우리나라에서는 향정신성 의약품으로 규제되는 펜터민이라는 약물과 신경안정제인 디아제팜을 혼합한 제품이 주로 유입되었다. 태국산 비만 치료제에 이어 2010년부터는 비만 치료제로 정식 인가받은 '시부트라민' 성분이 든 약물이 출시되면서 다이어트계 판도가 바뀌었다. 그러나 법적으로 인정받은 이 약물도 수명이 길지 못했는데 비만에는 효과가 있었으나 심근경색, 뇌졸중 등 심혈관계에 부작용을 일으킬 수 있다고 밝혀짐에 따라 사용이 금지되었다. 그러나 불법 약물 제조자들은 이 성분이 효과가 있다는 점에 착안하여 사용이 금지된 후에도 이 약물을 불법으로 식품에 넣어 다이어트용으로 판매하다 적발되었다. 실제로 다이어트 식품뿐 아니라 커피에도 이 성분을 넣어 유통하면서 국민 건강을 위협했다.

다이어트 약물이 진짜 효과가 있긴 할까?

—

약 성분의 어떤 작용으로 인해 다이어트에 도움이 되는 걸까? 신경 전달 물질 중 세로토닌이 식욕과 관계되어 있다고 밝혀진 이래 다이어트 약은 대부분 세로토닌의 양을 늘려 식욕을 감퇴시키는 방향으로 개발되고 있다. 펜플루라민의 경우 신경 말단에서 세로토닌을 방출시키고 세로토닌의 재흡수를 억제하면서, 뇌의 세로토닌 양을 지속적으로 유지시켜 탄수화물을 섭취하고 싶은 욕망을 감소시킨다. 암페프라몬과 태국에서 유입된 펜터민은 시상하부의 포만 중추를 자극하여 식욕을 억제하고, 시부트라민의 경우는 뇌시상하부의 포만 중추에서 세로토닌과 노르아드레날린의 재흡수를 차단하여 적게 먹어도 포만감을 빨리, 그리고 오랫동안 느끼게 하는 것으로 알려졌다.

그러나 대부분의 약물이 부작용을 갖고 있는 데다, 다이어트용 약물의 경우 큰 사고를 초래할 수 있어 함부로 복용해서는 안 된다. 1973년 단기 비만 치료제로 승인을 받은 펜플루라민은 장기 복용할 시 어지러움, 설사, 갈증, 구토, 복통 등은 물론이고, 다량을 복용할 경우 전신마비가 일어날 위험성과 더불어 정신분열증 같은 정신 질환을 유발하기 때문에 사용에 규제를 받게 되었다. 이렇게 정신분열증 같은 부작용이 나타나기 때문에 앞에 언급한 것처럼 25세 엄마가 자기 아기를 살해하는 비극이 일어난 것이다. 염산암페프라몬(또는 디에틸프로피온)도 많은 부작용이 보고되고 있는데 과량 복용하면 어지러움, 시각장애, 불면증, 불안감 등이 나타나고, 장기 복용 시에는 사고력 장애, 기억력 장애가 발생할 수 있으며 아주 심하면 쇼크나 발작도 일어난다고 한다.

태국에서 반입된 다이어트용 약물에는 펜터민이라는 성분과 더불어 신경안정제인 디아제팜이 혼합되어 들어 있었는데, 펜터민은 히로뽕과 화학구조가 유사하기 때문에 과량 복용할 경우 신경과민, 착란, 두통, 빈맥, 고혈압, 환각, 구토, 빠른 호흡, 과열증, 경련, 혼수 및 순환성 쇼크가 발생할 수 있는 것으로 알려져 있고, 부작용이 문제가 되면서 향정신성 의약품으로 지정되어 그 사용이 규제되었다. 이와 같이 대부분의 비만 치료제들은 부작용을 갖고 있기 때문에 약물에 의존하는 다이어트보다는 음식 조절과 운동으로 살을 빼는 것이 가장 현명한 방법이 아닐까 한다.

마법의 약 비아그라

—

다이어트 약물이 주로 여성을 대상으로 남용되었다면, 많은 남성이 목맨 엄청난 약물이 있다. "죽기 전에 꼭 알아야 할 세상을 바꾼 발명품"에 들어갔을 정도인 비아그라가 바로 그 약물이다. 비아그라는 발기부전 치료제인 실데나필의 상품명인데 실데나필은 원래 심장병 치료 약물로 개발되었다. 그런데 약물을 실험하던 중 환자의 심장 기능을 회복시키는 효과는 미미한 반면 부작용으로 음경 발기를 일으키는 것을 우연히 발견해 새로운 약물로 탄생하게 된 것이다.

비아그라는 이전까지 발기부전을 치료하는 데 이용된 약물 주입, 요도 좌약이나 수술이 아닌, 최초의 경구 투여 약물이기 때문에 사용이 간편하여 선풍적인 인기를 끌게 되었다. 1998년 처음 미국 FDA의 승인을 취득한 지 14주 만에 미국에서만 200만 개가 처방되었고, 10년 동안 120개 국가에서 2,700만 명에게 처방되었으며 18억 정이 팔려나갔다고 하니 그 반응은 가히 폭발적이다. 비아그라라는 이름은 정력이라는 의미의 'vigor'와 '나이아가라 폭포'에서 따왔다고 하는데, 바에그라, 비아그로라 등 비아그라와 비슷한 이름으로 유사 상품이 시장에 유통되고 있다. 중국에서는 비아그라를 중국식으로 읽으면 '위대한 오빠'라는 뜻이라며 이 이름을 달고 각종 약품, 건강식품, 음식, 음료, 주류 등이 출시되어 인기를 끌기도 했다고 한다.

비아그라가 마법의 약으로 여겨지는 이유가 또 있다. 얼마 전 지인이 히말라야를 등정하는 데 비아그라를 처방받아 가져가서 고산지대에서 힘들 때 복용했더니 아주 쉽게 고산증을 이길 수 있었다며, 비아그라가 저산소증을 억제하는 효능이 있다고 열변을 토했다. 정말 그럴까 의문이 들어 문헌 조사를 해보았다. 문헌에 따르면 우리가 높은 지대에 오르면 폐로 가는 동맥의 혈압이 높아지면서 폐기능이 약해져 호흡이 가빠지는데, 이때 비아그라가 폐동맥의 혈압을 낮춰주는 기능을 한다는 것이다. 이 때문에 높은 산을 등정하는 사람들에게 비아그라가 필수품이 되어 여성들도 비아그라를 복용한다고 하니 정말 아이러니하지 않을 수 없다. 이 밖에도 비아그라의 또 다른 의약적인 용도로는 폐동맥으로 흐르는 피의 양을 늘려 폐동맥 고혈압 증상을 완화시킴으로써 희귀 질환인 폐동맥 고혈압 치료에 사용하기도 하고, 임신중독증, 심근 비대 등의 치료에도 상당한 효과가 있다고 한다. 게다가 자궁 내막의 두께가 얇아 임신을 못하는 여성들에게 비아그라를 투여하면 혈액 공급이 늘어나 자궁 내막이 두꺼워져서 불임 치료의 성공률을 높인다는 연구 결과도 있다고 하니 비아그라의 다양한 용도에 놀라지 않을 수 없다.

비아그라 종류가 이렇게 많았어?

—

1998년 미국에서 비아그라가 공식 승인된 이후 우리나라에서도 비아그라에 대한 관심이 증폭되었고 곧 국내 암시장에 가짜 비아그라가 등장하기 시작했다. 1999년 국내에도 정식으로 시판되었지만, 미리 자리 잡고 있던 암시장은 더욱 커져 비아그라 5개 중 4개가 가짜일 정도였다. 가짜가 광범위하게 유통되면서 국과수에 약의 진위 여부를 가려달라는 요청이 쇄도했다. 관세청에서 진품과 위조품의 외관 구별법을 명시하고 있었지만, 위조품이 워낙 잘 만들어져 육안으로 구분하기가 쉽지 않다.

2012년 강릉에서 발견된 가짜 발기부전 치료제의 경우 보따리상으로부터 구입한 무허가 의약품을 비아그라 포장지에 담아 시판했는데,

정품의 홀로그램까지 위조해 부착함으로써 많은 사람이 속을 수밖에 없었다. 더욱 이들 제품 중 일부에서는 발기부전 치료제 성분이 표기량의 3배 이상 함유된 것도 있어 상당히 위험했다. 또 2013년 발각된 북한산 한방 발기부전 치료제는 일반 비아그라와는 달리 검정색 타원형 모양의 알약이었는데, 주성분의 함량이 일정하지 않아 약효뿐 아니라 부작용이 우려될 정도로 품질이 낮았다.

더 큰 문제는 가짜 비아그라를 유통하는 사람들이 비아그라를 마약과 함께 판매한다는 사실이었다. 비아그라를 사려던 사람들이 거리낌 없이 마약을 함께 구입한다면 자칫 마약에 중독될 가능성이 커져 위험하다. 실제로 부산에서 체포된 마약 밀거래자는 히로뽕과 중국산 비아그라를 함께 소지하고 있었으며, 강원도에서도 2,400만 원 상당의 가짜 비아그라를 소지한 사람이 히로뽕도 함께 소유한 채로 체포되기도 했다.

가짜 비아그라라고 하면 불법으로 제조된 약물을 밀수하는 경우도 있지만, 밀수된 약물과 한약 성분을 섞어 발기부전 치료제로 다시 제조하거나 밀수된 약물의 화학구조를 변형시켜 비아그라 유사 물질을 만들어 팔면서 또 다른 문제를 양산했다. 실제로 2007년 국과수에서 조사한 결과에 따르면 시중에서 압수된 가짜 비아그라 중에는 비아그라 성분인 실데나필이 든 경우도 있지만 바데나필, 타다라필 등으로 불리는 비아그라 유사 물질이 검출된 경우가 많았다. 그리고 취데나필, 옥소 홍데나필 등 화학적 구조를 변형시킨 비아그라 유사 상품은 약효는 물론이거니와 부작용도 예상하기가 어려워 관계 당국을 긴장하게 만들었다. 이런 유사 발기부전 치료제는 정품과는 달리 캡슐, 정제, 환, 분말, 겔, 핵상 등 여러 제형으로 만들어져 거래되거나 건강보조식품으로 만들어져 법망을 피하며, 암암리에 판매되었다.

가짜 비아그라를 찾아라
—

가짜 비아그라가 끊임없이 등장하면서 가짜인지 진짜인지 구별해야 할 필요성이 더욱 커졌다. 처음 등장했을 때만 해도, 외형이 조잡해 육안으로도 구분이 가능할 정도라 외관 검사에서 진위 여부를 추정한 다음 성분 확인 실험을 하곤 했다. 그런데 요즘엔 가짜를 진짜보다 더 진짜처럼 보이게 만드는 기술 때문에 더 이상 외형으로는 정품과 가짜의 구별이 불가능해졌다. 이렇게 되니 모든 사건의 증거물은 실험실에서 기기 분석을 통해 밝혀낼 수밖에 없었고 실험실은 눈코 뜰 새 없이 바빠졌다. 가짜 비아그라는 각 제품의 성분 함량이 일정하지 않다는 것도 문제였다. 몇 년 전에 우리나라에서 유통되는 비아그라를 수집하여 분석해보니 놀랍게도 성분 함량이 일정치 않아 어떤 경우에는 함량이 4% 정도로 아주 낮은 경우가 있었던 반면 어떤 경우는 453%를 함유하는 등 아주 큰 차이를 보였다. 이렇게 함량이 일정하지 않으니 모르고 복용할 때 부작용의 정도 역시 전혀 예상할 수 없었다.

그 밖에도 주류나 다른 약물에 비아그라를 몰래 투입해 판매함으로써 음용자 본인의 의지와 상관없이 비아그라를 복용하게 되는 경우도 있었다. 2007년 10월 한약재가 함유된 갈색 주류와 한약재가 들어 있던 비닐 포장지 10여 점이 국과수에 의뢰되었다. 실험 결과 놀랍게도 주류와 한약재가 들어 있던 비닐 포장에서 실데나필의 유사 물질인 디메칠실데나필이 검출되었고, 실제로 그 안에 담겼던 액체인 주류에서는 디메칠실데나필이 317~535mg/ℓ 정도 검출되었다. 일반적으로 비아그라가 25mg, 50mg 또는 100mg의 양을 함유하는 정제로 판매되는 것을 참고할 때, 이 주류를 100㎖만 마셔도 본인이 모르는 사이에 비아그라 25mg 정제의 1~2배의 양을 복용한 것과 같을 뿐 아니라 술을 함께 복용할 경우 약물 작용이 상승해 생명에 위협을 줄 수도 있으니 걱정스러웠다.

그러면 실데나필의 부작용으로는 어떤 것이 있을까? 실데나필은 안면 홍조, 안구 충혈, 두통, 메스꺼움, 일시적 혈압 상승, 망막혈관 폐쇄나 파열, 시력 저하, 청력 저하 등의 부작용이 있을 수 있고, 더욱 심한 경우엔 심혈관계에 이상이 발생해 심장마비로 사망에 이를 수도 있어 본래 의사의 처방이 있어야만 구입할 수 있다. 실제로 가짜 비아그라에 함유된 실데나필을 무분별하게 복용함으로써 사망한 사건도 여럿 있었다. 국과수에서 부검한 사례 중 실데나필이 검출된 부검 사례 10건을 살펴보면, 사망자에게 평소 심장 질환이 있었던 사례가 2건, 고혈압인 사례가 1건이었다. 즉 심장 질환이 있는 경우 실데나필을 복용하면 부작용의 위험이 높았던 것이다. 모든 약이 마찬가지겠지만 비아그라도 제대로만 사용하면 좋은 약물인데 오용과 남용에 의해 부작용이 발생할 수 있고, 저렴하다고 처방전 없이 아무 데서나 약물을 구입한다면 가짜일 가능성이 크므로 주의하는 게 좋다.

우유 주사 맞을까?

: 프로포폴의 두 얼굴

마이클 잭슨의 목숨을 앗아간 프로포폴

—

2009년 6월, '팝의 황제' 마이클 잭슨이 사망했다. 7월 영국 공연을 앞두고 맹연습 중이던 그의 예기치 못한 죽음에 전 세계 팬들은 커다란 충격에 빠졌다. 그의 죽음은 약물 복용과 관련된 것으로 밝혀졌고, 곧 그를 죽음으로 몰고 간 약물에 관심이 집중되었다. 사망 당시 그의 몸에 다수의 바늘 자국이 있었으며, 집에서 프로포폴 약병이 발견됨에 따라 급성 프로포폴 중독에 의한 죽음으로 판단되었다.

사법 당국은 잭슨이 사망한 지 한 달 후, 잭슨의 주치의였던 콘래드 머리 박사가 잭슨이 사망하기 24시간 전에 마취제를 주사했음을 밝혀내고 과실치사 혐의를 입증하기 위해 약물 등의 증거물을 압수했다. 머리 박사 측에서는 잭슨의 불면증을 치료하기 위해 프로포폴과 로라제팜, 미다졸람이라는 신경안정제를 처방하였는데 머리 박사가 화장실에 다녀온 사이에 잭슨이 로라제팜을 과량으로 복용했다고 주장했다. 그러나 거듭된 선고 공판을 통해 환자의 불면증을 치료하기 위해 강력한 수면 마취약을 과량으로 처방한 것은 의사의 의무 위반이라는 이유로 과실치사 혐의가 적용돼 머리 박사는 4년을 구형받았다.

마이클 잭슨의 죽음으로 프로포폴이란 약물에 세간의 관심이 집중되었는데, 이후 우리나라에서도 프로포폴 중독으로 인한 사망 사고가 연이어 발생함에 따라 사람들의 관심이 급증했다. 2012년 7월 31일 오후, 서울 한강 잠원 지구 주차장에 세워진 고급 승용차 안에서 30대 여성의 시신이 발견되었다. 여성의 신원을 밝히고 사망 경위를 파악하기 위해 수사가 본격적으로 진행되자, 신사동의 한 산부인과 의사가 자수를 해왔다. 그는 사망자가 피곤함을 호소함에 따라 수면 유도제를 투약했다고 진술했지만, 감정 결과 사망자에게서 총 13종의 약물이 검출되었다. 그리고 의사가 사망자에게 "우유 주사 맞을까"라는 문자 메시지를 보낸 사실이 밝혀지면서, 사람들은 '우유 주사'가 무엇인지 궁금해 하기 시작했다.

언론에서 프로포폴을 '우유 주사'로 자주 언급하자, 나 또한 그 연유가 매우 궁금해졌다. 프로포폴은 물에 용해되지 않아 식물유를 사용해서 녹이는데, 프로포폴이 식물유와 섞이기 시작하면 하얀 색깔의 유탁액이 되어 마치 우유처럼 보인다. 이에 발음이 어려운 프로포폴 대신 하얀 약 또는 우유 주사라고 부르게 된 것이다. 프로포폴은 수술 및 위내시경을 실시할 경우 전신 마취를 유도하거나 마취를 유지시키기 위해 사용하며, 비교적 안전한 수면 마취제로 알려져 있다. 50개국 이상에서 사용하는 등 세계적으로도 널리 쓰이고 있고, 우리나라 의료계에서도 생산, 수입량을 돈으로 환산하면 2011년 한 해 동안만 227억 원에 달할 정도로 널리 쓰인다. 프로포폴은 용량 조절이 쉽고 그 효과도 빨리 나타나는데다, 마취 후 깨어나면 회복 시간 필요 없이 바로 일상으로의 복귀가 가능해 수면 내시경이나 성형수술 시술에 널리 사용되는 편이다. 수술 후 오심, 구토 같은 마취제의 부작용도 없어 마취과 의사들이 가장 선호하는 약물로 알려져 있다.

물론 단점이 없는 것은 아니다. 통증 감소 효과가 없기 때문에 수면 시 통증을 가하면 통증이 그대로 뇌에 전달된다. 게다가 약품을 안전하게 사용할 용량 범위, 즉 안전역이 좁기 때문에 자칫 과량으로 투여하면 일시적인 무호흡을 유발하고, 혈압을 강하시키는 등 치명적인 문제를 일으켜 건강한 사람일지라도 순식간에 죽음에 이르게 할 수 있다. 실제로 프로포폴을 주사하고 성형수술을 받던 환자가 수술 도중 프로포폴 부작용으로 호흡이 멈춰 결국 뇌손상을 입고 전신마비가 된 사례도 있었다. 이 때문에 장점과 단점의 양면성을 모두 가진 프로포폴은 두 얼굴의 약물이라고 불리기도 한다.

푹 자려다가 영원히 잠들어버린 사람들
—

2010년 8월 무렵 연예계에 '프로포폴 괴담'이라는 루머가 퍼지면서 프로포폴이 단순 마취제를 넘어 다른 목적으로 남용되고 있다는 가능성이 제기되었다. 살인적인 스케줄을 소화하는 연예인들이 피로회복제로 프로포폴을 복용한다는 것이다. 언론 보도에 따르면 한 병에 만 원 안팎인 프로포폴이 음지에서 10~40만 원에 거래되고 있으며, 프로포폴에 중독된 사람의 경우 한 달 사이 약물을 투약받기 위해 2~3천만 원까지 지출하기도 했다. 강남과 홍대 지역을 중심으로 피로회복제, 비타민 주사 등의 이름으로 불법적으로 거래되고 있는데, 프로포폴에 중독되어 정상적인 생활을 영위하지 못하고 재산을 탕진하는 사례가 있는가 하면 약물을 이용한 성폭행 사건도 발생하는 등 범죄로도 이어지고 있었다. 결국 2011년 2월 1일, 세계 최초로 우리나라에서 프로포폴을 향정신성 의약품으로 지정했다. 그러나 이후에도 프로포폴 남용이 감소하기는커녕, 2013년 1월에는 현역 여성 탤런트와 방송인 등이 프로포폴 투약으로 검찰 수사선상에 오르는 등 상황이 더욱 악화되었다.

유독 우리나라에서 프로포폴이 수면 마취제가 아닌 다른 용도로 남용되는 이유가 무엇일까? 프로포폴에 중독된 일반인을 인터뷰해보니 이 약물을 투여할 경우, 일 때문에 생긴 압박감이나 피로가 줄고 잠도 푹 잘 수 있어, 일어나면 피로가 회복된 기분이 든다고 했다. 연예인들의 경우에도 불면증이나 불안감을 없애고, 건강한 모습을 유지하기 위해 프로포폴을 맞는다고 했고, 심지어 일부 병원에서는 아예 프로포폴을 비타민 주사라고 선전하면서 '끼워 팔기'를 하기도 했다. 프로포폴을 투약하고 마취에서 깨어났을 때 실제로 안락감이나 피로 회복감, 환각 등을 경험할 수 있다는 보고가 있긴 하다. 이는 프로포폴이 신경전달 물질인 도파민을 분비시켜 사람의 기분 상태를 좋게 만들기 때문이다. 이러한 쾌적한 느낌well being sense 때문에 약물 의존성이 생기고, 약물을 여러 차례 투여받은 경우 환각 증상을 일으킬 정도로 중독의 가능성이 높다.

프로포폴로 인한 사망 사고 또한 계속해서 발생함에 따라 약물 남용의 심각성은 더욱 커졌다. 프로포폴과 관련된 사망 사례를 조사했더니 2001년 이후 지금까지 30여 건으로, 2000년대에 들어 발생한 약물로 인한 사망 사고 중 가장 큰 요인으로 꼽혔다. 매년 1~4건이 발생했는데, 2009년부터는 치료 과정에서 사망한 게 아니라 프로포폴만 단독으로 투여해 자살과 중독사에 이른 경우라 요즘 이 약물이 심각하게 오남용되고 있음을 알 수 있다.

의아스럽게도 지금까지 의사 2명, 간호사가 5명이 프로포폴에 의해 사망했을 정도로, 프로포폴로 인한 사망은 의료인들 사이에서 여러 차례 발생했다. 의료인들은 손쉽게 주사제를 구할 수 있기 때문에, 수면을 유도하고 피로회복을 위해 프로포폴을 사용하다가 죽음에 이른 것으로 보인다. 2006년 전공의 1년차였던 의사가 침대 위에 비스듬히 누워 오른손에는 주사기를 쥐고, 왼쪽 팔목에 주삿바늘이 꽂힌 상태로 사망한 사건이 발생했는데, 혈액에서 치사량의 프로포폴이 검출되었다. 2009년에는 가정의학과 과장이 자신의 진료실에서 스스로 약물을 주사하고 사망한 사건이 발생했고, 이어 개인병원의 간호 과장이 자신의 안방 침대 위에서 백색 액체 주사를 맞은 채로 의식을 잃어 병원으로 옮겼으나 사망한 사건이 발생했으며, 2010년 11월 말 서울 강남의 유명 피부과 간호 실장이 지하 단칸방에서 숨진 채 발견되었는데, 이들 모두에게서 프로포폴이 검출되었다. 그 밖에 질병 치료와 관련하여 사망한 사례도 있었는데, 내시경, 성형, 치질, 요실금, 담낭 제거 수술 등과 관련하여 프로포폴을 투약했다가 사망한 경우였다. 대부분 프로포폴의 부작용인 호흡 곤란으로 인해 사망한 것으로 밝혀졌다.

프로포폴 남용을 막아라!
—

프로포폴의 경우도 다른 약물과 마찬가지로 소변을 통해 복용 여부를 판정하지만 복용 후 일정 시간이 지나면 대부분의 약물이 소변으로 배설되어 검출되지 않기 때문에, 복용한 지 오랜 시간이 지났을 경우에는 판정하는 데 어려움이 있었다. 그런데 2013년 1월 상습적으로 프로포폴을 투약한 사람을 모발 검사로 복용 여부를 판정할 수 있게 되었다는 보도를 접했다. 이미 나는 연구원을 떠났지만, 후배들이 계속해서 새로운 도전을 이어나가 감정 기법을 개발했다는 사실이 매우 자랑스럽고 기뻤다.

프로포폴은 화학구조에 질소 성분이 없어 쉽게 검출할 수 없는데, 액체크로마토그래프/질량분석기를 사용하면 대사산물을 모발 1mg당 1억분의 2mg까지 검출할 수 있다고 했다. 이 방법으로 실제 프로포폴 투약 피의자 12명의 모발을 가지고 실험했더니 그 결과 87%가 양성으로 판명났고 더욱이 소변 검사 당시 프로포폴이 검출되지 않았던 4명의 모발에서도 대사체를 검출해내 프로포폴 남용을 입증할 수 있었다. 모발 검사는 소변 검사와는 달리 약물을 복용하고 장기간 경과 후에도 약물을 측정할 수 있다는 것을 다시 한 번 증명해낸 것이다.

그런데 왜 유독 우리나라에서만 프로포폴 오남용이 심각할까? 2013년 1월 경찰청과 식약청이 프로포폴의 오남용 실태를 점검하였더니 향정신성 의약품으로 지정되었음에도 불구하고 임의로 폐기하는 등 관리가 부실해 처방전 없이도 구입할 수 있었고, 의료인이 직접 마약을 투약하는 경우도 있었다고 한다. 따라서 남용을 방지하기 위해서는 먼저 프로포폴을 취급하는 의료기관에서 프로포폴을 원래의 용도로만 사용하도록 철저히 관리해야 한다. 실제로 1995년 남용 문제가 심각했던 진해거담제의 경우, 이 약물이 향정신성 의약품으로 지정된 뒤로는 철저한 관리 아래 약물 공급 과정이 까다로워지면서, 자연스레 약물 남용이 급감했다. 약물을 구하기가 쉽지 않으면 결국 남용자 수가 감소하고, 사망자 또한 생겨나지 않을 것이다.

이와 더불어 언론에서도 프로포폴을 신종 마약이나 우유 주사라는 명칭으로 부르며 자극적인 기사 소재로 삼는 것을 삼가야 한다. 특히 청소년이나 젊은 층이 연예인을 우상시하는 만큼, 연예인들의 마야 남용에 대한 기사는 좀 더 신중을 기해주면 좋겠다.

인기 간식이 아이들을
죽음으로 내몰다

: 번데기 집단 식중독 사망 사건

처음으로 독극물 실험에 참여하다

—

1978년 9월은 연구원에 입사한 지 5개월쯤 지났을 때로 한창 모든 일에 흥미를 갖고 뭐라도 배우려고 여기저기 열심히 찾아다녔다. 그런데 어느 날 오후 연구실의 분위기가 여느 때와는 달랐다. 갑자기 실험실이 분주해지며 계장님과 과장님이 쉴 새 없이 자리를 오갔고, 이를 보아 직감적으로 큰 사건이 발생했다는 것을 느낄 수 있었다. 과장님은 "태릉경찰서에서 의뢰되었어", "파주에서도 의뢰되었다네" 하고 다른 연구원들에게 말하며, 신속하게 실험 준비를 마쳤다. 아직 실험실에선 초보였던 나로서는 자세한 내용은 알 수 없었지만, 동시다발적으로 비슷한 사건이 발생했음을 알 수 있었다. 정도도 심각해 보였다.

과장님은 어떤 종류의 독물이 검출되느냐에 따라 병원으로 이송되어 치료 중인 어린이들의 생사 여부가 갈릴 수 있다면서 서둘러 증거물을 개봉했다. 놀랍게도 증거물은 번데기였다. 이게 어린이들 사망과 무슨 관련이 있을까 궁금했지만 감히 물어보지는 못하고, 그저 선배들 뒤를 계속 따라다녔다. 병원으로 실려간 어린이들이 먹다 남긴 번데기임을 알게 되었고, 과장님은 즉시 증거물을 실험대로 옮겨 우선 독극물 확인을 위한 예비 실험을 실시했다. 증거물에 어떤 종류의 독극물이 있는지를 밝히기 위해 증거물에 발색 시액(독극물과 화학반응을 일으켜 특정한 색상을 나타내는 시액)을 뿌리고 반응을 지켜보는 것이다.

증거물인 먹다 남은 번데기의 알코올 추출액을 여지에 점적하고 여러 종류의 발색 시액을 뿌려보았는데, 농약 성분에 발색하는 시액을 뿌리자 갑자기 노란색 반점이 선명하게 나타났다. 발색하는 과정은 처음 본지라 매우 신기했다. 농약 성분이 함유되었다고 저렇게 노랗게 변할 수 있다니, 도대체 어떤 원리가 적용한 걸까? 궁금한 점이 한두 개가 아니었다. 그때 본 노란색이 얼마나 선명하던지 지금까지도 그 빛깔이 눈앞에 선할 정도다. 과장님은 선명한 노란색 반점을 보더니 즉시 '유기인계 농약'임을 밝혀내 이를 경찰에 통보했고, 이 물질은 독성이 커서 큰일이라며 이를 섭취한 아이들을 걱정했다.

그다음은 유기인계 농약 중 정확히 무엇인지 찾는 과정이었다. 이번 의뢰된 사건과 관계된 경찰서가 여러 곳이며, 증거물도 종류가 많아 전체 실험 스케줄을 다시 조정해야 했다. 상황이 급해 전 직원이 늦게까지 남아 일을 진행할 수밖에 없었지만, 모두 한마음으로 실험에 임했다. 한 팀에서는 의뢰되어온 볶은 번데기와 볶지 않은 번데기, 번데기를 담았던 마대, 조리에 쓰인 조미료 등에 관한 실험을 진행하고, 다른 한 팀에서는 어린이들의 사망 원인을 밝히기 위해 위내용물, 혈액 등을 갖고 실험을 시작하였다. 아직 모든 것이 처음인 내게 독극물을 찾는 과정은 놀라움의 연속이었다. 어떤 과정을 통해 어떤 종류의 농약이 확인될지 궁금해하면서, 내가 할 수 있는 일을 찾아 다른 직원들과 같이 밤늦게까지 퇴근하지 않고 바쁘게 실험을 거들었다.

무시무시한 번데기 집단 식중독 사건
—

이번 사건은 서울시 북동부와 경기도 파주 등지의 행상 및 구멍가게에서 파는 번데기를 사먹은 어린이 37명이 중독 증세를 일으킨 것으로, 사망자가 10여 명에 이를 정도로 심각했다. 1978년 9월 26일 서울 상계동, 미아동, 정릉동 등의 지역에서 번데기를 직접 사먹거나 부모가 사다준 것을 먹은 어린이 28명이 심한 경련과 복통, 구토 등의 증세를 일으켜 병원으로 이송되었으나 이들 중 4명이 사망했고, 24명이 중태에 빠졌다. 같은 날 경기 파주에서도 번데기 행상이 마당에 널어놓은 번데기를 몰래 가져와 나누어 먹은 어린이 8명과 부모 1명 등 9명이 같은 증세를 일으키며 실신하여 병원으로 옮겨졌으나, 이들 중 어린이 4명은 숨지고 5명은 중태에 빠졌다.

식중독에 걸린 아이들이 먹은 번데기는 모두 경동시장의 중간 도매상에서 판매된 것으로 밝혀졌다. 경찰은 생사 공장에서 열차편으로 넘겨받은 문제의 번데기에서 심한 화공약품 냄새가 나는 것을 알고도 소매상들에게 그대로 판 혐의로 중간 도매상 A씨에게 식품위생법 위반 및 중과실 치사상 혐의로 구속 영장을 신청했고, 생사 공장과 번데기 마대를 화물열차에 적재한 영주역 관계자들도 함께 수사하고, 번데기를 생사 공장에서 구입해 A씨에게 판매한 다른 도매상들도 불구속 입건했다. 하지만 경찰은 문제의 번데기가 담겨 있던 마대가 원래 쌀을 담던 것으로 중간 도매상 A씨가 6개월 전부터 인근 양곡상이나 가게로부터 구입해 사용해온 것임을 밝혀내었을 뿐, 사고의 근본 원인인 농약이 어디서 어떠한 경로로 마대에 묻었는지는 밝혀내지 못하였다.

A씨가 보관하고 있던 나머지 마대에서는 농약 성분이 검출되지 않았기 때문에 마대가 처음부터 오염되었다는 가설이 맞을 가능성은 별로 없어 보였다. 그렇다면 운반 과정에서 오염됐을 가능성이 높은데,

생사 공장에서 기차역까지의 운반 수단이나 열차 운송 과정에서 화물을 적재할 때 번데기 마대를 적재한 다음 그 위에 농약병 상자 등을 올려 싣고, 운송하는 중에 어떤 충격으로 농약병이 파손되어 농약이 흘러내려서 일부 마대와 번데기에 스며들었을 가능성도 생각해볼 수 있다. 물론 누군가 농약을 의도적으로 투입했을 가능성도 생각할 수 있다. 일반적으로 식품류는 농약 같은 유독성 물질과는 같이 운반할 수 없게 되어 있기 때문에 운송 과정을 정확하게 파악하면 증명이 되겠지만 그 당시 시스템으로는 어떤 물질이 어떻게 적재되어 있었는지에 관한 문건이 남아 있지 않아 파악하기가 어려웠다. 이 밖에도 번데기를 취급하는 과정에서 지하수를 사용하다 농약에 오염되었을 가능성도 제기되었지만, 그 정도 미량으로는 이렇게 큰 문제를 일으킬 가능성이 없다는 의견에 결국 어떤 과정으로도 파라치온이 번데기 마대에 스며들었는지는 밝혀내지 못했다.

드디어 맹독성 물질을 찾아내다
—

경찰이 수사를 진행하는 동안 국과수에서는 과장님이 며칠 동안 열심히 연구원 전체를 진두지휘하면서 어떤 독물인가를 밝히기 위해 노력했는데, 그 모습이 큰 감동으로 다가왔다. 과장님은 볶은 번데기, 볶지 않은 번데기 등 각 증거물을 알코올로 추출한 다음, 알코올 추출액을 여과지에 점적하여 발색 시액을 뿌리고 다시 한 번 농약류, 알칼로이드류에 반응하는지 예비 실험을 실시했다. 이번 실험을 통해 증거물의 추출물에 유기인제 농약 성분이 있음을 재확인할 수 있었다. 이제 유기인제 농약 중 어떤 성분의 농약인지 알아내기 위해 그 당시 가장 일반적으로 쓰이던 분리 기술인 박층크로마토그래프를 실시하기로 했다. 물론 지금이야 가스크로마토그래프/질량분석기로 바로 분자량까지 측정할 수 있겠지만, 그 당시는 첨단 장비가 개발되기 전이라 시료를 표준품과 같이 박층크로마토그래프로 분리하여 발색한 다음 서로를 비교하여 확인하는 것이 최선이었다.

박층크로마토그래프는 유리판 위에 흡착제를 얇게 입혀 고정하고, 전개 용매에 따른 매질 간의 이동 거리 차이를 이용함으로써 시료에 혼재되어 있는 불순물에서 찾으려고 하는 성분을 분리해내는 방법이다. 전개 용매의 경우 각 물질마다 이동시키는 거리가 달라 각 성분이 다른 위치에서 분리되기 때문에, 여기에 검출 시약을 뿌려 성분을 알아보는 것이다. 이를 위해 일단 알코올에 녹인 실험 용액을 TLC 유리판에 찍고 말리고를 여러 번 반복하고 이동도를 이용해 각 물질을 분리한 다음, 이를 자외선 아래 두었을 때와 발색 시약을 뿌렸을 때 어떤 반응을 보이는지 표준품과 비교해가며 농약 성분을 확인했다. 과정이 절대 간단하지 않아 몇 십 장의 박층크로마토그래프 판을 가지고 시도한 끝에 드디어 유기인제 농약 중 '파라치온'과 일치한다는 것을 확인할 수 있었다. 이후 그 당시 새로 도입된 분석 장비의 작동법을 개발 중에 있던 액체크로마토그래프로 분석해보니, 역시 같은 결과가 나왔다. 나는 주로 심부름을 도맡아 실험을 그저 돕는 정도였지만, 지켜보기만 해도 흥미로웠다.

그러나 일단 물질이 밝혀졌어도 사망한 어린이가 10명이나 되어 의뢰 시료 건수도 많고 언론의 관심이 집중되고 있어 과장님을 비롯해 모두가 긴장 속에서 실험을 긴박하게 진행할 수밖에 없었다. 다행히 부검 시료에서도 파라치온이 성공적으로 검출되었고, 그 결과를 경찰에 신속하게 통보했다. 실험을 지켜보다가 물질에 관한 새로운 사실을 깨달았다. 그전까지는 일반적으로 사람이 물질을 섭취하면 몸에 유해하지 않은 물질로 변화되어 소변이나 대변으로 배설되는 것으로 알고 있었는데, 파라치온처럼 예외적인 경우도 있었다. 파라치온은 몸에 흡수되면 대사 과정에서 독성이 더욱 커져 소량을 먹어도 그 독성이 커진다고 했다. 독극물마다 특성이 저마다 다른 것을 깨닫고, 앞으로 공부할 길이 멀겠다는 생각이 든 한편, 병원에서 치료 중인 어린이들이 정말 걱정되었다.

어린이들의 상태가 궁금해 언론을 통해 알아보았는데, 안타깝게도 서울에서 번데기를 사먹은 어린이 30여 명 중 4명은 이미 숨졌고, 나머지 어린이들은 여러 병원에서 입원 치료 중이었다. 보도에 따르면 아이들은 번데기를 사서 먹은 지 2시간 만에 입에 거품을 물고 사지 경련을 일으키며 쓰러져, 전형적인 독극물 중독 증세를 보였다고 한다. 적은 양의 농약이 함유된 번데기를 먹은 아이는 다행히 회복되었다.

피해 어린이 중 한 아버지가 "고깃국도 한 번 못 먹이고 겨우 50원 짜리 번데기 한 봉 사줬는데 애가 죽는다"고 울부짖었다는 사연을 접하고 마음이 정말 아팠다. 그 밖에 한 사망 어린이의 부모가 아들의 사망을 비관해 유서를 남기고 음독 자살을 하는 등 오염된 번데기 때문에 사회 전체가 아픔을 겪었다. 특히 파주에서 일어난 식중독 사건의 경우, 이미 행상이 "번데기에서 썩은 냄새가 난다"는 항의를 받고 다시 세척한 뒤 멍석에 말리던 것을 동네 아이들이 몰래 집어먹고 변을 당한 경우라 더욱 안타까웠다. 대부분의 농약은 물에는 녹지 않고 기름에만 녹는데, 번데기의 경우 지방 성분이 많아 일단 농약 성분이 지방에 녹게 되면 물에 씻기지 않는데 이를 몰랐던 것이다.

약 35년 전에 일어난 번데기 집단 식중독 사건은 1960~1970년대 가난했던 그 당시의 상황을 여과 없이 보여주는 사건이었다. 1970년대까지만 해도 번데기는 고단백질과 올레인산, 리놀렌산 등의 불포화지방산으로 구성된 지방질을 함유하고 있어, 값싸면서도 영양분이 많은 서민들을 위한 간식으로 사랑받았다. 그런데 산업화를 거치면서 유통 과정을 통해 다량으로 번데기를 식품으로 사용하면서, 그에 따른 위생 관리를 적절하게 조치하지 않아 이렇게 큰 문제가 발생했던 것이다. 식품을 운반하는 차량과 독극물을 운반하는 차량을 구분하고, 물건을 이송할 때에도 물품의 종류를 잘 기록해 서류화했으면 사건의 경위라도 제대로 파악할 수 있었을 텐데 안타까웠다. 그래도 이 사건을 계기로 식품 관리의 중요성이 인식되어 제대로 된 조치의 필요성이 부각된 것은 다행이었다.

나 개인적으로도 이 사건은 과학수사의 진정한 매력에 빠지는 계기가 되었던 것 같다. 입사 이후 접한 가장 큰 사건이었고, 모두가 한마음으로 야근을 불사하며 일에 뛰어드는 열정에 감동했다. 그리고 파라치온이라는 물질의 특성을 알고 나서는 약독물에 대한 학구열이 더욱 불타올랐으니, 여러 모로 기억에 남는 사건이었다.

기침약을 먹고 사망하다

: 환각제가 된 기침약

근절되지 않은 기침약 남용

—

1995년 주한 미군 신문에 미군 자녀들이 환각성이 강한 한국산 감기약을 남용해, 중독 증세로 치료를 받고 있다는 기사가 실렸다. 기사에 따르면 미국 국방부 부설 서울미국고등학교 학생들 사이에 감기약인 '지놀타'와 '로밀라'가 광범위하게 복용되고 있는데, 이미 15명의 학생이 감기약 중독 증상을 보이며 병원에 후송됐으며, 매달 5명은 기침약 중독 증세로 치료를 받고 있을 정도로 심각한 상황이라고 했다. 기침약인 '지놀타'와 '로밀라'는 그 당시 국내에서 비교적 쉽게 구할 수 있는 편이었고, 그 학교 양호 교사의 말에 따르면 학생들이 1회 복용량보다 2~5배는 많은 양을 섭취하다가 중독 증상을 보인다고 했다.

나는 기사를 읽다가 최근 한국 학생들 사이에서는 잠잠해진 줄 알았던 감기약 남용 문제가 국내 미군 자녀들 사이에서 심각하게 남용되고 있다는 사실에 가슴이 덜컥 내려앉았다. 국내에서 이미 해결된 문제인 줄 알았는데 기침약 남용이 여전히 예상치 못한 방향으로 퍼져나가고 있으니 놀랄 수밖에 없었다.

약물 남용 문제는 어느 한 곳에서 시작해 또 다른 곳으로 이동하는 것뿐 아니라, 자칫 세계적으로도 퍼질 수 있다는 생각에 섬뜩해졌다. 기사를 보면서 약물 남용은 근절하기가 어려운 문제라는 걸 새삼 인식하게 되었다.

줄어들지 않는 약물 남용

—

문제의 두 약물은 어떤 것일까? 지놀타는 진해거담제로 쓰이는 지페프롤의 상품명이고, 로밀라 또는 러미라라고 불리는 약물 역시 진해거담제로 쓰이는 덱스트로메토르판의 상품명이다. 두 약물 다 복용량(지놀타는 1회에 75mg, 로밀라는 15mg)에 따라 섭취하기만 하면 치료 효과가 크기 때문에 세계적으로 널리 쓰이고 있었다. 그런데 우리나라에서만 유독 청소년들이 환각 작용을 노리고 약물을 복용하다가 사망에 이르는 경우가 여러 차례 발생해 사회적으로 지탄의 대상이 되었다.

내가 처음 국과수에서 이 약물의 악용 사례를 접한 건 1991년 9월 말, 영국에서 1년간의 유학을 마치고 돌아온 때였다. 그 당시 약독물과에 함께 근무했고 현재는 성균관대학교 약학대학 학장으로 근무하는 정 교수가 나를 만나자마자 그해 1월부터 의뢰된 부검 시료에서 특이하게 지속적으로 검출되는 약물이 있다고 했다. 부검 후 의뢰된 위내용물, 혈액, 소변에서 지페프롤이 검출되었다는 것이다. 그리고 이를 복용하고 사망한 사람 대부분이 10대 후반의 젊은 남성이라는 사실도 덧붙였다. 한 가지 약물로 인한 사망이 지속적으로 발생한 사례는 우리나라에서는 청산염이나 농약 정도였지 기타 약물에 의한 중독 사망은 거의 없었기 때문에 순간 호기심이 발동했다.

얼마 지나지 않아 기침약에 의한 사망 사건이 또 발생했다. 춘천에서 22세 여성이 사망해 부검 후 의뢰된 위내용물과 혈액에서 문제의 약물인 지페프롤이 검출되었고, 혈액 중의 함량 실험을 진행한 결과 약물을 과량 복용했음이 밝혀졌다. 그리고 곧이어 서울 관악에서 20세 남성이 사망하였는데, 이때도 마찬가지로 위내용물과 혈액에서 지페프롤이 검출되었다. 같은 약물에 의한 사망 사고가 짧은 기간에 2건이나 발생하다니, 정말 지페프롤의 남용 문제가 심각한 수준이란 걸 깨닫게 되었다.

이에 1991년 1월 이후 지페프롤로 인한 중독, 사망 사례에 대한 자료를 찾아보았다. 부검한 10건의 사례를 살펴보니 연령, 성별, 약물 복용 이유 등이 각기 달랐다. 1991년 1월 서울 강남에서 19세 여성이 로밀라 45알을 복용한 뒤 술을 마시다가 다시 지놀타 캡슐 15알을 먹고 갑자기 마비 증세를 보이며 사망한 사건을 시작으로, 서울 종암동에서는 약을 먹은 16세 청소년이 방에서 이야기하던 중 갑자기 경련을 일으키고 코에서 거품을 내며 떨다가 사망한 사건이 발생했고, 이어 8월에는 대전에서 17세 남학생이 춤을 배우는 데 몸의 유연성을 늘이겠다며 지놀타 캡슐을 상습 복용해오다가 어느 날 한번에 56알을 복용한 뒤 손발에 마비가 왔고, 결국 입에 거품을 물고 사망했다. 많은 경우에 술과 함께 약물을 복용한 것으로 밝혀져 이로 인해 약물 중독 작용이 더욱 상승하여 일어났을 수도 있었다.

이듬해인 1992년에는 지페프롤과 관련된 사망자 수가 계속해서 늘어나 15명에 이르렀다. 1월 서울 송파에서 16세의 여학생이 담배를 피우다 갑자기 입에 거품을 물고 경련을 일으켜 병원 후송 중에 사망했고, 나머지 사례에서도 과량의 약물이 검출되었다. 이들 모두 젊은 사람들이었으며 치료 목적으로 약물을 복용한 게 아님은 확실했다. 1993년에도 이 약물로 인한 사망 사례는 총 14건으로 줄어들 줄 몰랐다. 1월 인천에서 21세 남자가 사망한 것을 시작으로 진주에서 15세의 남학생이 친구들과 커피, 생맥주를 마시다가 의식을 잃어 병원으로 후송했으나 이미 사망한 사건의 경우에서도 변사자의 몸에서 지놀타 캡슐 10정과 지놀타 빈 껍질 10개가 발견되었다. 보건 당국과 지놀타 남용 문제에 관해 본격적인 논의가 시작된 1994년에는 불행하게도 약물로 인한 사망 사고가 최대치를 기록했다. 그해 남성 16명, 여성 7명이 약물 중독으로 사망했다.

1991~1994년까지 지놀타 남용으로 인한 사망자들을 대상으로 조사해보니, 사망자의 평균 연령이 21세로 10대가 전체 사망자의 50%를 차지했다. 성별로 보면 여자가 21명, 남자 44명으로 남자가 70%를 차지했고, 지역별로 보면 서울과 인천 지역에서 전체 사망자의 80%가 발생, 이중 서울에서 발생 빈도가 50%로 서울에 사는 10대 후반에서 20대 초반 남자 층이 약물에 가장 많이 노출되었음을 알 수 있었다. 사망자가 눈에 띄게 늘자 연구원들과 함께 지놀타로 인한 중독 사망 사례와 약물의 부작용, 혈중 농도 등에 관해 지속적으로 학계에 발표해 관심을 갖도록 했다.

약물의 부작용을 노리는 사람들

—

지페프롤은 여러 제약 회사에서 제조되었는데 그중 가장 많이 유통되던 제품이 지놀타였기 때문에 지놀타가 지페프롤을 대표하는 이름이 되었다. 캡슐의 색이 초록색이라 과량으로 복용하면 식도나 위내 용물이 초록색으로 물들어 부검 과정에서도 지놀타에 의한 중독사임을 쉽게 추측할 수 있다고 했다. 심한 경우에는 위내용물에 소화되지 않은 초록색 캡슐이 남아 있는 경우도 있어 환각 효과를 노리고 1회 복용량보다 10~40배 많은 양을 섭취해서 사망에까지 이른 게 아닐까 추측되었다.

1995년 초 인천에서 폭력범들을 대상으로 소변 중에 불법 약물 함유 여부를 측정한 결과, 의뢰된 242명의 소변 중 놀랍게도 74명의 소변에서 지페프롤이 검출되었다. 이 지역 조직폭력범의 3분의 1이 지페프롤을 복용하고 있다는 이야기였다. 그런데 사람들은 지페프롤을 복용하면 환각 작용이 나타나는 것을 어떻게 알았을까? 우선 문헌 조사를 통해 지페프롤이 세계적으로 남용된 사례가 있었는지 살펴보았는데, 증명할 만한 자료를 찾기가 쉽지 않았다. 가까스로 안락감euphoria을 얻을 목적으로 이 약물을 습관적으로 과량 복용한 사례와 청소년들이 환각 작용을 노려 1회 치료량의 10~15배 정도 많이 복용한 사례가 있다는 보고는 찾았지만, 우리나라에서처럼 사망자가 발생하는 등 심각한 정도는 아니었다. 외국의 사례를 통해 지페프롤의 환각 효과를 접했다기보다는 우리나라 사람들 스스로 이를 알아낸 듯했다. 약물 남용을 꾀하는 사람들은 보통 마약같이 법으로 규제된 약물은 구할 수 없으니, 대신 일반 약물의 설명서에 "부작용으로 환각 작용이 발생할 수 있다"는 문구를 발견하면 이를 복용해본다고 한다. 그리고 효과가 좋으면 이런 정보를 약물 남용자들과 교환한다는 것이다. 이들은 약의 진정한 목적인 치료 효과는 외면하고, 부작용을 오히려 복용의 목적으로 삼는다.

지페프롤과 더불어 남용으로 문제가 된 또 다른 약물은 흔히 러미라라는 상품명으로 알려진 덱스트로메토르판이었다. 주로 기침을 멎기 위해 복용하는데, 진통 작용이 거의 없는 비마약성 진해제로서 의학계에서 안전한 약물로 인정받아 널리 쓰이고 있었다. 다만 1953년 WHO가 덱스트로메토르판은 마약과 같은 탐익성이 없음을 인정하면서 마약에서 제외시켰지만 일시에 과량 복용할 경우 환각, 불면 및 정신병 등이 나타난다는 점을 강조한 바 있다. 이렇듯 덱스트로메토르판은 치료 효과가 크고 안전하다는 이유로 30년 이상 사용되어왔기 때문에, 일부 남용자들의 사례 때문에 약물 자체를 규제할 것인가를 놓고 보건 당국자들의 고민이 컸다. 일반 환자들에게는 매우 필요한 약물이라, 일부 사람들이 남용한다는 이유로 무조건 금지하기는 어려웠다. 그래서 보건 당국에서는 약에 부형제를 넣고 크기를 키워 한 번에 많은 양을 복용하기 어렵게 하는 방법을 시도했으나 실효를 거두지 못했다. 먹기 어려울 정도로 약을 크게 만들어도 약물 남용자들은 환각 작용을 얻기 위해 여전히 30~40정을 한 번에 복용했고, 덱스트로메토르판만 복용하다 사망한 경우도 11건에 이르렀다.

심지어 더 큰 환각 효과를 위해 지페프롤과 덱스트로메토르판을 동시에 복용하는 사례도 빈번히 발생했다. 일단 환각 작용을 위해 약물을 복용하기 시작하는 사람들은 온 수단을 다해서라도 더 강한 약물을 찾기 위해 애쓴다. 처음에는 구하기 쉬운 약물을 복용하지만 거기에서 멈추지 않고 더 강한 약물을 찾게 되고, 복용 양을 늘릴 뿐 아니라 다른 약물과 혼합하는 등 약물 남용의 수렁에 빠지게 된다. 지페프롤을 복용하는 사람들도 예외는 아니어서 복용 양을 계속적으로 늘리다가 결국 덱스트로메토르판을 함께 투여하는 경우가 발생했다. 실제로 지페프롤을 복용하다가 사망한 69건 중 12건에서 지페프롤과 덱스트로메토르판, 두 약물 모두가 검출되었다.

남용으로 인한 사고가 줄어들지 않고 사망 사고가 끊임없이 발생하자 1994년부터 보건 당국은 본격적으로 이들 약물의 관리 방안에 관해 논의하기 시작했고, 그 결과 1995년 9월, 두 약물을 향정신성 의약품으로 지정하였다. 30년이 넘도록 마약과 약독물을 감정하고 연구해 왔지만, 지페프롤과 덱스트로메토르판처럼 단시간에 많은 인명을 앗아간 약물은 없었던 것 같다. 심지어 히로뽕이라 불리는 메스암페타민으로 인한 사망자 수보다 많다. 게다가 청소년을 비롯한 젊은 사람들이 피해자였다는 점이 정말 안타까웠다. 다행히 두 약물이 향정신성 의약품으로 지정된 후에는 사망 사고가 거의 발생하지 않았지만, 사건이 처음 발생했을 당시 약물 복용을 진작 규제하지 못하고 5년이나 지체하면서 수많은 젊은이가 목숨을 잃었다는 것을 생각하면 안타깝고 가슴이 아프다.

음료 속에 든 약물의 비밀

: 데이트 강간 약물

상대의 의식을 잃게 만드는 무색무취의 약물

—

　최근 한 유명 배우가 연예인 지망생에게 약물을 복용시키고 성폭행했다는 뉴스가 보도되었고, 2013년 3월에는 여성 사업가 A씨가 건설업자가 준 알약을 먹고 환각 상태에서 성폭행을 당했다고 주장하는 등 약물과 관련된 성폭행 사건이 지속적으로 발생했다. 보통 이러한 약물은 '데이트 강간 약물'이라고 불리는데, 음식이나 드링크제에 여성 몰래 넣어 복용시키는 신경안정제, 수면제 등을 총체적으로 일컫는다. 미국과 캐나다에서 빈번히 발생하여 영어로 'Date-rape drug'라고 불리던 것이 그대로 우리나라에 번역되어 들어와 데이트 강간 약물이라고 쓰이고 있다. 데이트 강간 약물은 술집, 클럽 등에서 만난 파트너를 성폭행할 목적으로 주로 쓰이는데, 이 같은 약물을 넣은 음료를 복용하게 되면 피해자는 의식을 잃고 복용 후의 상황을 전혀 기억하지 못한다고 한다. 상대가 눈치채지 못하도록 색과 냄새가 없는 것이 대부분이며, 드링크제와 같은 색의 약물이 사용되기도 한다.

　데이트 강간 약물이란 용어가 우리나라에 도입된 지 얼마 되진 않았지만, 1970년대부터 우리나라에서도 마취 강도 사건이 많이 발생했다. 누가 드링크제를 주기에 마셨더니 정신 차리고 보니 이미 강도나 강간을 당했다는 식이었다. 수많은 사건 중 특히 1979년 12월, 부산 시외버스 주차장에서 77세의 할머니가 어떤 사람이 준 바나나 우유를 마시고 잠이 들었다가 깨어보니 금비녀 10돈이 없어졌다는 사건이 기억에 남는다. 또한 1982년에는 청주 발 직행버스에서 소를 팔고 집으로 가던 농부가 옆자리에 앉은 사람으로부터 과자 하나를 받아먹은 뒤 의식불명 상태가 되어, 소를 판 돈 현금 234만 원을 강취당한 사건이 발생하기도 했다. 그 당시에는 피해자의 소변을 채취해 약물을 분석하는 실험 방식은 일반화되지 않은 때라, 피해자들이 먹다 남긴 빈 바나나 우유통과 과자를 대상으로 약물이 있는지 실험했다. 그런데 막상 우유는 이미 없고 빈 통인지라 우유통을 물에 녹이면서 실험해야 했다. 과자도 부스러기를 가지고 겨우 실험을 진행할 수 있었다. 그냥 보기엔 아무것도 남아 있지 않을 것 같은 빈 우유통에서 여러 장비의 도움으로 약물을 검출해내는 과정은 정말 흥미진진했다. 이 약물일까? 저 약물일까? 확인에 확인을 거듭하는 과정에서 빈 우유통과 과자 부스러기에서 신경안정제 계통의 약물인 로라제팜이 검출되는 순간, 미지의 세계를 정복한 것과 같은 기쁨을 느꼈다.

그 즈음에 드링크제에 약물을 타서 물품을 갈취하는 사건이 계속적으로 발생했는데, 1980년 순천 지역에서는 누군가 노인들에게 과자를 주어 잠들게 한 후 물품을 훔쳐간다는 소문이 돌고 있었다. 이 소문을 듣고 잠복하던 경찰이 노인들을 따라다니던 젊은 사람을 붙잡아 수색해서 소지하고 있던 사탕을 압수했다. 이를 국과수에 의뢰해 내가 감정을 맡게 됐는데, 증거물을 받아보니 비닐에 싸인 갈색 사탕 2개였다. 그 당시는 지금과 달리 기계로 사탕 봉지를 봉하는 게 아니라 사탕을 비닐로 싸서 유통하던 때였다. 비닐을 벗기고 사탕의 외관을 살펴보니 사탕 표면의 한 부분이 매끈하지 않고 어딘가 이상했다. 사탕을 이등분해보니 사탕 속에서 노란색 분말이 훅 튀어나왔다. 예상한 바대로 로라제팜이 검출되었다. 그 양을 측정해보니 자그마치 로라제팜 1mg짜리 두세 알에 해당하는 양이었다. 이 정도 양이면 누구라도 사탕을 먹으면 바로 잠들 수밖에 없었다. 피의자는 사탕 속을 긁어낸 뒤, 그 속을 약물 가루로 채운 것이다.

그 밖에 빈 오렌지주스 캔이 의뢰된 것도 기억에 남는다. 외관 검사를 했는데 이상하게 캔을 개봉한 흔적은 전혀 찾을 수 없었다. 그런데 납세필증을 떼어내니 캔 가장자리에 용접한 흔적이 보였다. 캔을 개봉해 약물을 실험했더니 이번에도 로라제팜이 검출되었다. 어떻게 약물을 넣었을까? 아마도 주스 캔을 거꾸로 하여 도구로 가장자리를 연다음, 분말로 만든 신경안정제를 주입한 후 개봉한 곳을 다시 용접했을 것이라 추측되었다. 얼마나 용접이 잘 되어 있던지 전문가의 솜씨라고 다들 놀라워했다. 요즘 범죄 사건들과 비교하면 이렇게 주스 캔을 승객들에게 권하고 물품을 강탈하는 방식이 허술해 보일지 몰라도 그 당시는 이런 마취 강도가 아주 흔하던 때였다.

택시 마취 강도 사건
—

그렇다고 요즘에 마취 강도 사건이 줄어든 건 아니다. 2012년 7월 16일 새벽, 택시기사가 여성 승객에게 졸린데 커피를 마셔도 되겠느냐고 양해를 구한 뒤 커피 자판기에서 커피 두 잔을 뽑아 그중 한 잔에 약물을 몰래 타서 승객에게 권했다. 의심 없이 커피를 마신 승객은 곧 정신을 잃었고, 기사는 승객을 모텔로 데려가 지갑에 있는 돈을 훔쳐 달아났다. 이 사건에서는 승객의 소변이 증거물로 의뢰되었는데 30년 전 마취 강도 사건에 가장 많이 사용되었던 신경안정제인 로라제팜이 검출되었다.

　택시 마취 강도 사례의 경우 가장 악명 높은 사건은 1992년 3월에 발생한 것으로, "택시 운전사 승객 84명 성폭행"이라는 기사와 함께 언론에 대서특필되었다. 운전사는 여자 승객에게만 신경안정제를 넣은 드링크제를 권하고 승객이 정신을 잃으면 금품을 뺏고 성폭행을 했는데 피해자가 자그마치 84명에 이르렀다. 이렇게 많은 수의 여자 승객이 성폭행을 당했지만 기사가 승객의 사진을 찍어두고 협박을 했기 때문에 범인은 오랫동안 잡히지 않았다. 경찰 조사에 따르면 이 택시기사는 전파충격기, 과도, 드링크제를 갖고 다녔을 뿐 아니라 택시에 자동 개폐기를 설치하여 승객들이 직접 문을 열지 못하게 하고 범행을 저질렀다고 한다.

　그러나 꼬리가 길면 잡히는 법, 이번에도 여자 승객에게 드링크제를 주고 성폭행 하려던 순간 승객이 기지를 발휘해 택시에서 탈출한 덕분에 택시기사를 붙잡을 수 있었다. 택시기사를 체포한 경찰은 그가 가지고 다니던 드링크제에 정말 신경안정제가 들어 있는지 국과수에 의뢰해왔다. 그 당시 약품실 실장으로 근무하고 있던지라 이 사건을 직접 계획을 세우고 지휘했다. 증거물을 살펴보던 김 연구원은 드링크제가 개봉 흔적이 없고, 뚜껑을 딸 때 새것을 개봉할 때 나는 소리가 난다며 그냥 순수한 음료수일 수도 있다고 추측했다. 일단 개봉해 내용물을 살펴보기로 하고 드링크 병의 액체를 비커에 따랐더니 놀랍게도 무언가 녹지 않은 물질이 보였다. 여러 가지 실험을 한 결과 녹지 않은 물질에서도, 드링크제에서도 역시 로라제팜 성분이 검출되었다. 함량 실험을 했더니 상용량(1mg)의 5배에 해당하는 양이 검출되었다. 그런데 어떻게 병을 여는데 처음 개봉할 때의 소리가 났는지 의문스러웠다. 그러던 중 마침 이 사건을 담당한 수사관이 감정서를 인수하러 연구원을 방문해, 그 점을 물어보았더니 범인은 드링크제와 약물을 구입하여 집에 보관하면서 약물을 갈아서 드링크제에 투입한 후 다른 사람이 드링크제를 딸 때 소리가 나도록 전문적으로 캡핑을 했다고 했다. 새것이라 생각하고 안심하고 마시게 하도록 병뚜껑까지 조작하다니 정말 놀라웠다.

데이트 강간 약물의 작용
　—

택시 승객을 가장한 강도가 신경안정제가 든 드링크제를 기사에게 주는 경우나, 반대로 택시 운전사가 건넨 드링크제를 먹고 마취된 승객들은 음료를 마시는 순간 기억을 잃는다. 신경안정제가 어떤 작용을 하기 때문일까? 수많은 마취 강도 사건에 관련이 된 대표적인 신경안정제 로라제팜은 섭취하고 나면 의식을 잃고, 그 순간 기억을 상실하게 된다. 약물을 복용하게 되면 졸음이 쏟아지고 기억이나 의식을 잃어, 성범죄 피해를 당하더라도 방어할 수 없으며 이를 기억조차 못하게 되는 것이다. 이 때문에 깨어나서 무슨 일이 있었던 건 분명하지만 확신이 없어 신고하기 어려운 경우가 많다. 그리고 신고를 하더라도 대부분 뒤늦게 피해 사실을 신고하기 때문에, 이미 약물이 다 배설된 후라 약물 복용을 증명하기 어려운 경우가 많다. 따라서 나 같은 독성학자로서 가장 관심이 생기는 부분은 어떻게 하면 이 약물을 시간이 지난 후에도 소변이나 모발에서 검출할 수 있느냐는 것이다. 상당한 시간이 지나더라도 모발 한 올만 채취하여 약물 복용 여부를 판정할 수 있다면 억울한 사람도 없고 얼마나 좋을까. 다행히 현재 기술이 많이 발전해 복용한 약물은 2~5일이 지나면 모발에 축적되고 2주 정도 지나면 모발이 0.5㎝가 자라나므로, 피해자의 모발을 2주 뒤에 채취해서 실험하면 약물을 검출할 수 있다.

로라제팜은 1mg의 적은 양에서도 수면 작용을 일으키고, 노란색 작은 알약이기 때문에 갈아서 드링크제에 넣으면 전혀 색이 구분되지 않는다. 우리나라에서는 0.5mg, 1mg, 2mg의 정제형으로 유통되지만 외국에서는 바이알이나 주삿바늘 속에 넣어 판매되기도 한다. 국제 마약 감시 기구에서는 로라제팜 이외에도 로히프놀, GHB, 케타민을 데이트 강간 약물로 지정했다. 요즘은 로라제팜보다는 로히프놀이라고 불리는 플루니트라제팜이 더 주목받고 있는데, 수면 장애 환자에게 쓰이는 불면증 치료제인 로히프놀의 경우 복용하면 정신이 몽롱해지고 방향 감각을 잃어버리며, 복용 후 수시간 동안의 상황을 전혀 기억하지 못한다. 로히프놀은 맛이나 냄새가 없고, 일반 신경안정제보다 약효가 10~20배 강하기 때문에 미국에서는 데이트 강간 약물로 널리 쓰이고 있다.

데이트 강간 약물이 전 세계적으로 문제가 되다 보니 음료수를 마시기 전에 손쉽게 눈으로 약물의 함유 여부를 확인할 수 있는 제품을 개발한 회사도 있다. 2012년 12월 미국의 드링크새비라는 회사는 속칭 소위 '물뽕'이라 불리는 GHB와 로히프놀, 케타민 등의 약물을 손쉽게 확인할 수 있는 도구를 개발했다. 이 회사에서 만든 특수 컵이나 빨대 등에 음료수를 넣으면 음료 안에 데이트 강간 약물이 들어 있는 지를 간단하게 확인할 수 있다고 한다. 음료 안에 해당 약물이 있으면 빨대와 컵의 색깔이 변하여 약물이 있다는 것을 손쉽게 알 수 있다는 것이다. 사건이 발생한 다음에 약물을 검출하는 것보다는 이렇게 미리 색으로 약물이 들어 있음을 알게 되면 범죄를 미연에 예방할 수 있을 것이다.

데이트 강간 약물이라고 이름을 붙여 각국에서 엄격하게 규제를 하고 있지만, 이 계통의 약물 피해는 전 세계적으로 확산되고 있는 상황이라, 해마다 학회에 참석하면 이와 관련된 약물의 작용, 검출법 등에 대한 논의가 활발하게 진행된다. 미국에서는 10~20대 젊은 층을 중심으로 데이트 강간 약물 문제가 심각하게 대두되면서 이들 약물의 부작용 등에 관한 연구가 지속적으로 진행되고 있고, 미국 FBI 실험실과 마약수사청에서는 약물의 위험성과 유해성을 지속적으로 알리고 있다. 그러나 무엇보다 어떤 경우에서든 누가 음료수나 드링크제를 권할 때에는 항상 주의를 해서 상황을 판단하며 마시고, 조금이라도 의심이 가면 거절하는 것이 가장 현명한 방법이다.

양귀비 씨앗 양념은
불법일까, 합법일까?

: 양귀비 씨 남용 사건

양귀비 씨앗을 먹는다고?

—

1999년 강남, 여의도 등지의 일식 음식점에서 양귀비 씨앗을 음식에 섞어 손님들에게 제공해온 것이 확인돼 사회적으로 물의를 일으킨 적이 있다. 한 일식 재료 수입 업체 대표가 양귀비 씨앗 40kg을 몰래 들여와 5개월에 걸쳐 여의도동, 가락동 등 서울 시내 25개 일식집에 이를 공급해온 것으로 드러난 것이다. 음식점에서는 이렇게 구입한 양귀비 씨앗 가루를 간장이나 술에 타거나, 생선회에 양념으로 뿌려 내놓았는데, 양귀비 씨앗 가루의 특이한 맛 때문에 손님들에게 인기를 끌어온 것으로 밝혀졌다. 이후 2003년에도 전남 지역에서 양귀비 씨앗을 술에 섞어 판매해 문제가 되기도 했다.

작은 솔방울만 한 양귀비 열매 속에는 좁쌀 크기보다 작은 3만 2천여 개의 씨앗이 들어 있다. 씨앗의 색깔은 원산지에 따라 차이가 나는데, 인도산 씨앗은 노란 크림색이고, 터키산은 갈색, 유럽산은 회색을 띤다. 양귀비 씨앗은 오래 전부터 식용으로 널리 사용되어 왔는데, 중동에서는 특히 케이크 같은 달콤한 요리를 만드는 데 사용하고, 인도에서는 육류를 요리할 때 사용하며, 유럽 국가에서는 빵을 구울 때 식감을 더하기 위해 양귀비 씨앗을 뿌려 굽기도 한다.

문제는 양귀비의 품종 중에 관상용뿐만 아니라, 아편 성분이 섞여 법적으로 규제되는 품종이 있다는 점이다. 양귀비는 보통 60~150cm 높이로 자라고 그 종류는 100여 종이 넘는데, 우리나라에서는 법적으로 규제되는 2종을 포함해 10여 종이 재배 또는 자생하고 있는 것으로 알려져 있다. 최근 지자체나 식물원에서 관상용 양귀비를 재배하여 축제를 열거나 꽃길을 조성하는 경우도 있는데, 인터넷에서 판매되는 양귀비 중에는 관상용 품종과 더불어 법적으로 규제되는 품종을 개량한 양귀비를 판매하는 경우도 있어 혹시 이를 구매하진 않았는지 걱정스럽기도 하다.

그리고 양귀비 씨앗의 경우 크기가 아주 작아 외관만으로는 아편 성분이 함유되어 있는 양귀비 씨앗인지 그저 관상용 양귀비의 씨앗인지 구별할 수 없다. 실험에 의해서만이 아편 성분이 검출되는지 알 수 있어 마약 수사관들이 양귀비 씨앗을 수사할 때 어려움을 겪곤 했다. 더욱이 최근에는 서양식 요리법이 일반화되고, 관상용 양귀비가 급증하면서 인터넷 사이트 등을 통해 양귀비 씨앗을 쉽게 구할 수 있게 되어 법적인 규제 여부를 따지는 것이 더욱 중요해졌다.

다행히 2010년 국과수 마약분석실의 최 실장이 각고의 노력 끝에 최대한 다양한 종류의 양귀비 씨앗을 구해 염색체 분석법, 유전자 분석법, 대사체 프로파일법 등 첨단 시험법을 통해 양귀비 씨에 대한 종식별을 할 수 있게 되었다. 이전까지는 양귀비 씨에서 마약 성분의 함유 여부에 대한 화학적인 실험만을 실시해왔는데, 이제는 유전자 분석법을 통해 양귀비의 품종을 파악할 수 있게 되어 마약 수사에 결정적인 도움을 줄 수 있게 되었다.

아무 양귀비나 키우면 안 됩니다
—

민간에서 양귀비를 가정상비약 또는 관상용으로 재배하다 적발되는 사례가 지속적으로 발생해, 최근에도 매해 천여 건에 이르고 있다. 2012년 7월 경찰이 양귀비 재배와 관련해 집중 단속을 벌였다. 충남 금산군 추부면의 공장 뒤편 텃밭에 양귀비를 재배힌 A씨는 양귀비가 배앓이에 좋다는 말을 듣고 불법인 줄도 모르고 52포기를 재배했다가 단속되었고, 대청호 주변 등 외곽 지역에서 양귀비를 재배한 주민 4명도 단속에 걸렸다.

양귀비를 재배하다 적발된 사람들은 대부분 시골 지역에 거주하는 농민들인데, 이들은 양귀비가 배앓이, 다친 허리에 좋다는 속설을 믿고 양귀비를 식용 목적으로 재배하는 경우가 많았다. 그해 7월 13일에도 광주 광산구 신촌동 주택가에서 교통사고로 허리를 다친 뒤 양귀비 줄기를 달여 먹으면 좋다는 이야기를 듣고 양귀비 50여 포기를 재배한 사람이 단속되었고, 부산에서 주택 앞마당과 뒤뜰에서 양귀비 915포기를 재배했다가 단속되는 경우도 있었다.

양귀비의 경우 식물의 모든 부위가 법적인 규제 대상에 해당한다. 줄기, 뿌리, 잎에도 아편 성분이 함유되었을 가능성이 있기 때문이다. 실제로 1980년 후반쯤, 앵속을 구해 잎, 줄기, 뿌리를 각각 분리해 해당 부위에서 양귀비 성분이 나오는지에 대해 실험을 실시해보았다. 아주 흥미롭게도 실험 결과, 잎에서 상당량의 양귀비 성분이 검출되었고, 줄기와 뿌리에서도 미량이 검출되었다. 옛날에 소가 아프면 앵속 식물 전체를 물에 넣고 끓여서 소에게 먹이면 금방 나았다는 이야기가 있는데, 아마 식물의 줄기, 뿌리, 잎 모두가 아편 성분을 함유하고 있기 때문에 치유가 된 게 아닐까 한다.

경찰은 양귀비꽃이 피는 5~7월 전국적으로 특별 단속에 나서고 있지만, 양귀비 재배 사례가 줄어들기는커녕, 오히려 재배 수법이 지능화되고 재배 지역도 광역화되고 있어 난감해 하는 중이다. 경찰은 양귀비 불법 재배를 단속하기 위해 헬기로 저공비행하며 산과 건물, 옥상 등을 촬영하지만 찾기가 쉽지는 않다고 한다. 단속을 피하기 위해 비닐하우스를 설치해서 재배하는 경우도 있고, 꽃잎을 떼어 확인을 어렵게 하는 경우도 있기 때문이다.

양귀비 단속은 대검찰청의 단속 지침에 따라 50포기 미만은 기소하지 않고 주의를 주고, 50포기에서 100포기의 경우엔 기소를 하되 유예하며, 100포기 이상은 기소를 한다. 그럼에도 불구하고 양귀비와 관련된 마약 전과자가 한해에 50명이 넘게 발생하고 있는 것으로 알려진다. 물론 아직까지 적발된 사람들의 대부분은 농촌에 사는 60, 70대 노인들로 법적인 규제에 관해서는 전혀 모르고 양귀비를 그저 관상용이나 상비약 목적으로 기르려는 사람들이다. 이 때문에 양귀비 재배가 불법이라는 사실을 교육을 통해 지속적으로 알림으로써, 농촌에서 더 이상 마약 사범이 나오지 않도록 해야 한다.

아편과 몰핀, 헤로인의 관계

—

생아편은 당류, 단백질, 지방, 메콘산, 고무상 물질과 물로 구성되는데, 그중 알칼로이드(식물염기라고 부르기도 하는데, 단일 물질을 칭하는 명칭이 아니라 화학적으로 매우 광범위한 물질을 가리킨다)가 전체 성분의 10~20%를 차지한다. 아편의 경우 약 40여 종의 알칼로이드 성분을 함유하고

보는 사람들

270

있는데, 19세기 초, 독일의 한 과학자가 아편의 알칼로이드 성분에서 몰핀을 분리해냄으로써 약물 분야에서 큰 전환점을 마련했다.

몰핀은 20세기에 발견된 3대 약물 중 하나로 여겨질 만큼 의약적으로 아주 요긴하게 쓰인다. 진통, 마취제로 널리 사용되고 있는데, 일반적으로 몰핀을 주사하면 주사 즉시 기분이 좋아지고 통증이 사라지며, 꿈을 꾸듯 잠들게 된다. 0.2~0.3g이 치사량으로 알려져 있으나, 중독자의 경우에는 5g 이상을 투여해도 사망하지 않는 경우도 있다. 몰핀을 계속 사용하면 내성이 생겨 쾌감, 도취에 대한 욕구가 강해지면서, 의존성을 유발하여 결국 중독으로 이어질 수 있다.

헤로인의 탄생은 몰핀에서 시작되었다. 1875년 영국 화학자 두 명이 몰핀을 화학적으로 변화시킴으로써 처음 헤로인을 얻게 되었는데, 영국에서는 약효를 인정받지 못하다가 독일의 바이엘이란 회사에서 임상 실험 끝에 기침에 효능을 발휘한다는 결과를 얻어 헤로인이라는 이름으로 약물을 판매하기 시작했다. 몰핀과 헤로인은 '아세칠기'가 있고 없다는 차이 말고는 화학적으로는 매우 유사한 약물이지만, 아세칠기 때문에 약리적으로 큰 차이가 있다. 몰핀과는 달리 헤로인은 아세칠기로 인해 약물이 뇌관문을 통과해 즉시 뇌로 전달될 수 있어 진통 효과가 몰핀보다 2배 정도 강하다.

처음 헤로인을 발견했을 때는 최고의 진통제를 만들었다며 그 성과를 인정받았지만, 헤로인을 투여한 사람들이 점차 약물에 중독되는 비율이 50%를 넘어서자 헤로인의 제조, 소지, 사용이 금지되었다. 이로 인해 헤로인은 마약 시장에서 가장 선호하는 약물이 되었다. 투여한 사람의 50%가 중독된다고 하니, 마약 판매상의 입장에서는 얼마나 좋은 제품일까? 헤로인에 중독될 경우, 약하게는 설사, 근육 통증, 두통, 메스꺼움 등의 부작용이, 심하면 경련, 혼수에 빠지다 사망에까지 이를 수 있다.

양귀비 재배를 품종에 따라 법적으로 규제하는 것은 꽃에서 헤로인을 생산할 수 있기 때문이다. 다행히 우리나라에서는 헤로인의 남용 사례는 거의 없는 편이고, 우리나라를 경유지로 사용하다가 적발되는 경우가 많았다. 그런데 1995년 미얀마 최대의 마약 밀매 조직인 쿤사로부터 공급받은 3.5㎏ 헤로인을 국내에서 밀반입해 판매하려던 조직이 적발되었는데, 쿤사가 코카인 밀매 조직과 연계해 우리나라를 아시아 지역의 거점으로 삼으려 했다는 것이 밝혀졌다. 비록 우리나라에서 헤로인 문제가 아직 심각하지는 않더라도, 어떤 나라도 마약과 관련해 자유로울 수 없다는 것을 다시금 깨달았다.

집념의 결실

CCTV에 찍힌 차량의 번호를 인식하기 위해 외국에서 수입한 프로그램을 사용했더니 외국과 우리나라의 차량 번호판의 모양과 색이 달라 희미하게 찍힌 번호를 읽을 수가 없었다. 이럴 경우 또 다른 나라의 프로그램을 도입할 것인지, 아니면 자체 프로그램을 개발할 것인지 고민한다. 어렵고 힘들더라도 자체 프로그램을 만들기로 결정하고 주말도 반납하고, 수많은 시도를 거쳐 드디어 우리 번호판과 색을 인식할 수 있는 프로그램을 만들어 수사 기관에 무상으로 배포한다.

약물 중독사가 발생할 경우, 수많은 화학 물질 중 어떤 물질이 사망의 원인이 되는지 밝히는 것은 정말 쉽지 않은 작업이다. 어떤 물질이 사용되었는지 전혀 모르는 상태에서 수십만 종류의 화학 물질 중 한 가지를 밝힌다는 것은 도전 그 자체다. 셀 수 없을 정도의 반복적인 작업과 끊임없는 노력을 통해, 미지의 물질을 확인하는 시도를 계속해야 한다. 이런 과정을 수차례 겪은 젊은 연구원들은 어떻게 하면 시간과 노력을 줄일 정확하고 신속한 시스템을 만들 수 있을까 고민하기 시작한다. 그리고 몇 년의 노력 끝에 수많은 종류의 화학 물질을 자동 검색하는 시스템을 완성한다. 외국 제품은 한 개의 시료를 처리하는 데 30분이 걸리는 데 반해 우리나라에서 개발한 제품은 10초면 가능할 정도로 수준이 높아졌다.

교통사고 현장에서 오토바이 운전자는 도로에 쓰러져 있는데 오토바이는 접촉 사고의 흔적도 없이 한참을 더 가서 분리대 벽면에 달리는 형태로 서 있다. 이런 상황을 어떻게 설명할 수 있을까? 며칠 동안 사고 현장을 샅샅이 살피다가 가로등에 묻어 있는 작은 붉은색의 흔적을 발견한다. 이 작은 흔적이 모든 상황을 설명하는 실마리가 되는 순간이다.

화재가 난다. 화재 원인을 규명하기 위해 불에 타고 남은 검은색과 흰색, 분진과 합성수지가 타는 냄새로 가득한 곳에서 증거를 찾기 위해 몇 날 며칠을 씨름한다. 잿더미 속에서 도저히 증거를 찾을 수 없을 것 같아도 포기하지 않고 끝까지 노력해 결국 발화 지점을 확인하고 유레카를 외친다.

오늘도 그렇게 묵묵히 열정과 집념으로 자신의 일과 승부하는 이들이 있어 이 책을 정리할 수 있었다. 이들을 생각하면 집념이라는 단어가 제일 먼저 떠오른다. 맡은 일을 끝까지 해결하겠다는 집념으로 무에서 유를 찾아 사회 안전의 파수꾼 역할을 하는 이들의 노고가 조명되어야 한다고 생각했는데 이런 기회를 갖게 되어 기쁘다. 묵묵히 과학의 힘으로 진실을 밝히는 이들을 나는 오늘도 가슴 깊이 응원한다.

문국진 교수
고려대학교 명예교수, 대한법의학회 명예회장

우리나라 국립과학수사연구원장을 지내다 퇴임한 정희선 교수가 34년간 국과수에 몸담으면서 보고 겪은 과학수사 현장을 그려낸《보이지 않는 진실을 보는 사람들》을 읽는 내내 감회에 젖었다. 1955년 국과수가 창설될 당시 참여 멤버의 한 사람으로서 과학수사의 개념이 미처 자리 잡지 못한 때부터 국과수가 연구소에서 연구원으로 격상된 지금까지, 우리나라 과학수사가 발전해온 모습이 눈앞에 생생하게 그려지는 듯했기 때문이다.

국과수 창설 당시엔 아직 우리나라에서 생소한 분야인 과학수사계에 종사하는 일이 녹록지 않아 무거운 짐을 진 것 같은 기분이었다. 그렇지만 범죄 사실을 과학적으로 입증함으로써 법관의 판단에만 의존하는 것이 아닌, 증거에 근거해 판결을 내릴 수 있는 환경을 만들어 억울한 사람이 없도록 한다는 데 큰 보람을 느꼈다.

물론 막중한 책임에 비해 과학수사에 대한 사회적 인식이 좋지 않을 때는 심적으로 어려움이 컸다. 사건이 잘 해결되면 당연한 것으로 여기고, 잘 해결되지 않을 경우 과학수사의 수준이 부족하다는 등 모든 책임을 국과수에 돌리는 사회적 분위기에 야속함을 느낄 때도 있었다. 그러나 이제 과학수사에 대한 사회적 인식이 많이 달라졌다. 이런 와중에 정희선 원장이 국과수에서 실무를 담당하고 있는 연구원들의 노고를 담은 책을 펴냈다니 정말 환영할 일이다.

그리고 이 책의 제목 '보이지 않는 진실을 보는 사람들'에 내가 평소에 과학수사에 대해 갖고 있던 생각이 그대로 표현되어 있어 더욱 반가웠다. 나는 과학수사가 과학적인 지식과 예술가적 집념이 동시에 이뤄져야 가능한 일이라고 생각한다. 예술이 '인간이나 사물의 내면세계를 인간 최고의 사고능력인 상상력을 동원해 그 진실을 감지해 표현하는 것'이라면, 과학수사는 '사건의 내면에 가려져 있어 보이지 않는 증거를 찾아내기 위해 과학적 지식을 총동원하는 것'이기에, 예술가가 작품을 완성하는 것과 과학수사관이 진실을 찾아내기 위해 감정을 진행하는 과정은 같은 맥락이라고 볼 수 있다. 며칠이건 몇 달이건 일에 몰두해 개별적인 단면까지 해석하려고 드는 태도 또한 비슷하다.

정 교수는 그간 수많은 연구와 감정을 진행하고 후배들을 지도해온 우리나라 과학수사계, 특히 독물 감정 분야의 국제적 권위자이다. 그는 이 책에 본인이 직접 감정에 참여한 사건들을 외국의 과학수사 사례와 비교하며 우리나라 과학수사 분야를 체계적으로 정리했다. 따라서 이 책이 과학수사 전공자들뿐만 아니라, 실제 일선에서 수사를 담당하는 수사 실무자와 법조인, 변호인들에게도 중요한 지식과 현장의 경험을 제공해줄 것이라 믿는다. 그리고 더 나아가 과학수사에 관심이 있는 일반 독자들에게도 흥미로운 책이 될 것이다.

보이지 않는
진실을 ——
보는 사람들

1판 1쇄 발행 2015년 4월 30일
1판 5쇄 발행 2022년 11월 29일

지은이 정희선

발행인 양원석
편집장 김건희
영업마케팅 조아라, 이지원, 박찬희

펴낸 곳 ㈜알에이치코리아
주소 서울시 금천구 가산디지털2로 53, 20층 (가산동, 한라시그마밸리)
편집문의 02-6443-8902   **도서문의** 02-6443-8800
홈페이지 http://rhk.co.kr
등록 2004년 1월 15일 제2-3726호

ⓒ정희선, 2015, Printed in Seoul, Korea
ISBN 978-89-255-5225-5 (03300)